橫跨三千年的

祕境啟示

呂逸偉◎著

臺灣商務印書館

1-1 西臺人聖地亞茲路卡亞遺跡的浮雕。

1-2 哈圖沙城門的戰神。

1-3 哈圖沙遺址中仍保存著埃及送來的玉石。

1-4 埃及阿部辛貝神殿前的拉美西斯二世像。

2-1 西奈山山腳的聖凱薩琳修道院。

2-2 西奈山頂看日出。

2-3 清晨的西奈山。

3-1 由伊朗的邊境城市 Bazargan 望向亞拉臘山。

3-2 凡湖島上的十世紀亞美尼亞教堂，過去是亞美尼亞大主教所在地。

3-3 初秋的凡湖。

4-1 塔赫特蘇萊曼山腳的村莊。

4-2 塔赫特蘇萊曼內傾頹的古建築。

4-3 凡塔赫特蘇萊曼的火山湖。

5-1 殘存於敘利亞的山中老人城堡。

5-2 爾米亞湖。（桃太君攝）

5-3 爾米亞湖畔的白色鹽灘。（桃太君攝）

6-1 大不里士十三世紀伊兒汗國城堡，當年經常有罪犯吊死於城牆上。

6-2 孫丹尼牙清真寺廊下的伊斯蘭風飾紋。

6-3 孫丹尼牙清真曾是東方世界最大的磚造圓頂建築。

6-4 綠松石藍色彩陶圓頂的孫丹尼牙清真寺。

7-1 今日繁榮的金角灣，背後是蘇萊曼清真寺。

7-2 伊斯坦堡巴耶塞特二世清真寺。

7-3 改裝為清真寺的聖索菲亞大教堂。

7-3 聖索菲亞教堂內的熾天使像。

8-1 安卡拉的凱末爾紀念館。

8-2 阿尼城牆。

8-3 阿尼聖格列高利教堂後方為阿胡良河。

8-4 阿尼聖救世主教堂。

content

1. 哈圖沙 1
2. 西奈山 27
3. 亞拉臘山 53
4. 塔赫特蘇萊曼 81
5. 爾米亞湖 109
6. 孫丹尼牙 139
7. 君士坦丁堡 167
8. 阿尼 203

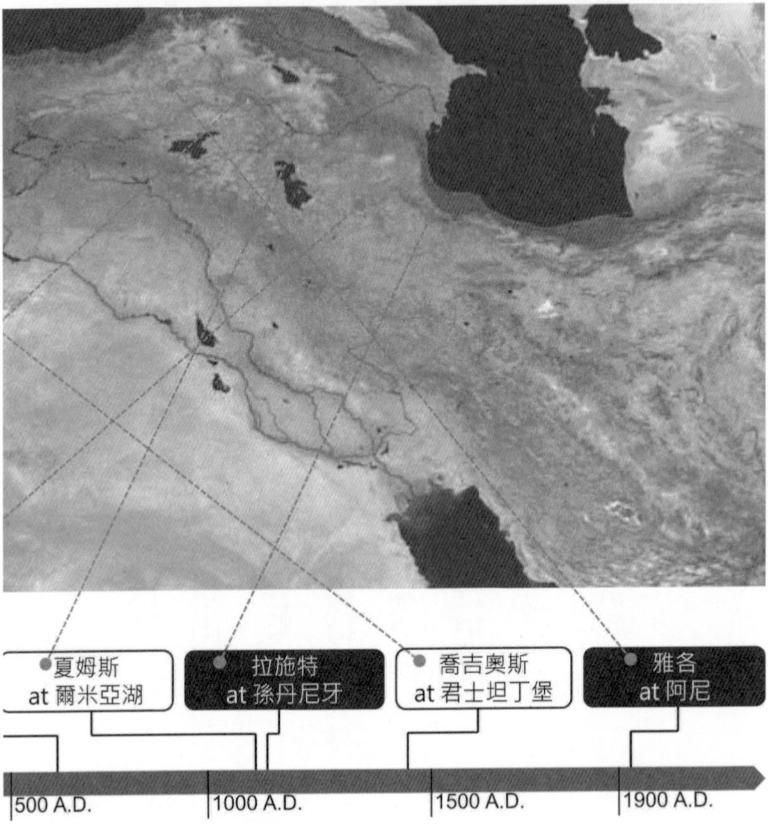

•637 AD
穆斯林軍隊攻陷波斯首都泰西封

•1256 AD
成吉思汗之孫旭烈兀建立伊兒汗國

•1453 AD
奧圖曼土耳其攻陷君士坦丁堡

•1922 AD
凱末爾擊退希臘，土耳其共和國正式成立

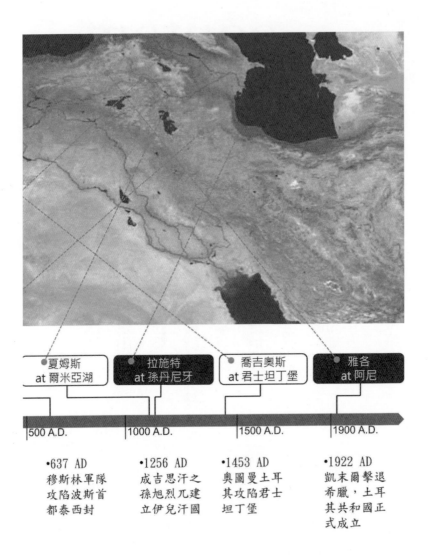

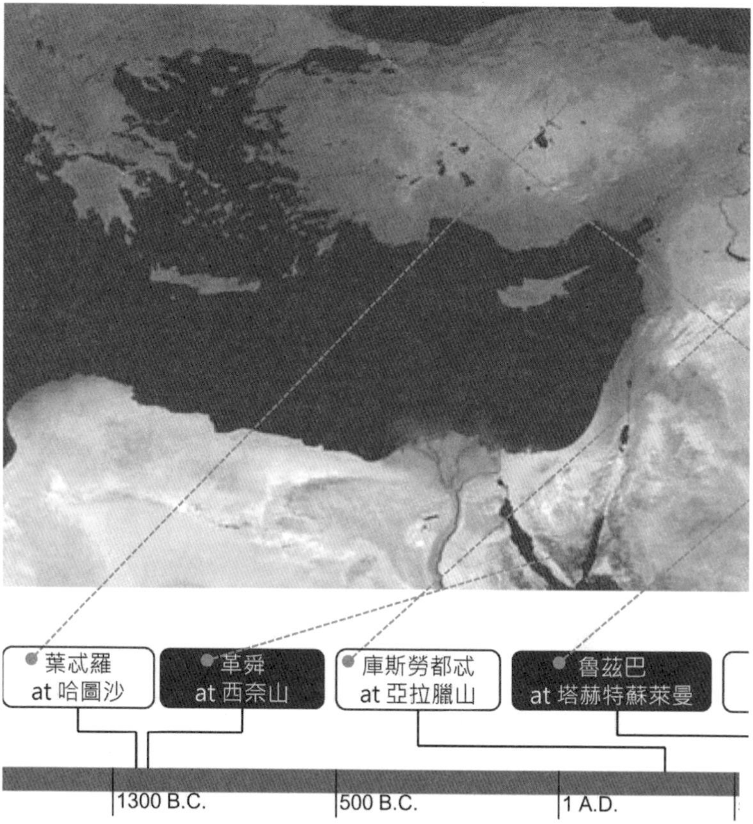

•1237 BC
西臺-埃及
卡迭石戰役

•550 BC
居魯士建立
波斯阿契美
尼德王朝

•64 BC
龐培將敘利
亞納為羅馬
行省

•301 AD
亞美尼亞國
王提達斯三
世將基督教
定為國教

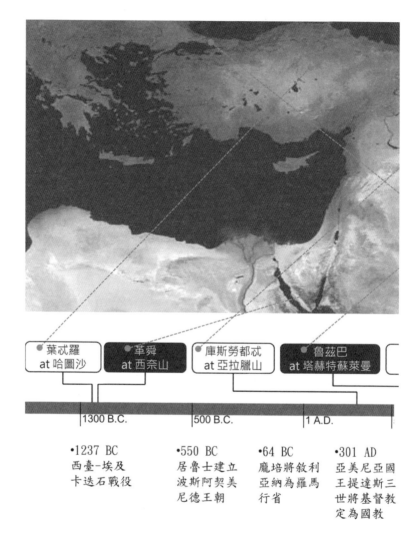

Chapter 1
哈圖沙

哈圖沙：

西元一五〇〇年前的西臺王國首都。在蒲杜海琶王后的年代，達到繁榮的頂點，人口約有五萬人。聯合國教科文組織於一九八六年將哈圖沙列入世界遺產。

哈圖沙地區有兩個主要景點，一個是皇宮與神殿所在的哈圖沙舊城遺址。當初法老拉美西斯二世送給蒲杜海琶的巨大綠松石還可以在大神殿的遺址中看到。

另一個是西臺人的聖地，亞茲路卡亞遺跡（Yazılıkaya）。

兩地幅員廣闊，若要靠步行走完需要一整天的時間。對於腳力沒有信心者，可以參加當地有導遊的行程。

I

葉忒羅本名流珥，流珥按閃族語的意思是「神之友」，他的族人稱呼他為葉忒羅，意思是「至尊者」。

雖然流珥貴為「至尊者」，但在米甸地這片貧瘠的土地上，族人們沒有多餘的金錢來供養這位至尊者。流珥與她七個女兒還算舒適的生活，全靠他高明地經營羊群，以及他那利潤豐厚的副業——捕蛇。

一日，太陽升起不久，流珥的大女兒西坡拉跟著其餘姐妹匆匆忙忙跑進帳篷。流珥剛作完晨禱，正準備外出補蛇。

流珥問西坡拉：「今日怎麼這麼快回來了。」

西坡拉說：「今天有個埃及人在井邊幫我們趕走了那些惡棍，還幫我們打滿了羊群的槽。」

流珥家男丁稀少，羊群全靠七個年輕的女兒照料。今年大旱，許多井都已經不出水。流珥的羊群數量特別龐大，與族人發生井水的爭執早就不是第一次。眾人雖然畏懼流珥弄蛇的法術，但在這片曠野裡，水就是生命，為了求生存，一些年輕的牧羊人還是不惜與流珥家發生衝突。

那天早上，這位正義感豐沛的埃及人見到幾個強壯的牧羊人與西坡拉發生激烈的爭執。牧羊人手持牧羊的手杖圍住水井，說什麼也不願讓女孩子先打水。埃及人越看火氣越上來。憑著他在埃及軍隊裡所習得的一身好武藝，輕鬆地奪下牧羊人的手杖，打斷他們的手骨，讓他們帶著哀嚎離去。

流珥聽完女兒的敘述，立刻責備女兒不懂禮貌，連忙要女兒請這位埃及人到家中作客。

流珥坐在帳篷門口，見到這位埃及人約莫三十幾歲，無論在衣著或是神態上都有一股尊貴之象，便起身迎接他。

「容我的女兒拿點水來，讓您洗洗腳，在橡樹下歇息一會。我再準備些餅與肉來款待您。」

流珥的大女兒西坡拉取了一些細麵粉做餅，二女兒到羊群裡牽了一隻又嫩又好的小羊。小女兒取來羊奶與奶油，與烤好的小羊一起擺在埃及人所坐的橡樹下。七個年輕的女兒退到帳篷內，只留下一位年邁的僕人在一旁伺候。

天空是一片無止境的藍，炙熱的陽光烤得土地都乾裂，流珥帳篷旁那株茂密的阿拉伯橡樹下，無疑是最適合招待旅人的地方了。祝謝後，流珥便與埃及人一同坐在樹下。

兩人舉杯喝了一口羊奶，流珥向埃及人致謝，「我是這地的祭司葉忒羅，我敬畏那唯一的真神。今日多謝你幫我女兒趕走那一幫粗暴的牧羊人，他們已經騷擾我女兒甚久。」

埃及人手上還端著杯，並沒有馬上回應。神情看起來似乎還在思索到底該如何回答流珥。

流珥彷彿看出他的心思，「來自遠方的朋友，按理，我當請教您，從哪裡來，哪一族的人，以何事為業，因何緣故來到這裡。但在您回答之前，我打算先告訴您我的故事，等到您聽完我的故事，您再來介紹您自己吧。」

不等到埃及人回答，流珥便自顧自說起了他的故事：

II

我出身於這片看似毫無指望的土地，年輕時鎮日與羊群為伍，握著牧羊的手杖，日復一日看著太陽沉沒於西方沙漠的盡頭。

三十多年前的一個夏日午後，我在這棵樹底下做了個白日夢。夢裡，一個陌生人手裡捉了一條手臂粗的毒蛇。當他把蛇丟到地上，那蛇頓時變成了木杖。陌生人要我拾起木杖，我一握住木杖，木杖隨即又變為了活生生的蛇，我也頓時由夢中驚醒。

我相信這夢必然是神所默示的異象，將我的未來顯明給我。

我求村裡的智者為我解夢，他卻不知從哪找來變戲法的流浪者，硬要我花兩隻羊的代價，學會了將杖變為蛇的把戲。

一天，埃及的官員帶著軍隊來到米甸招募傭兵。當時年輕的我自信有神的恩賜，一心想闖蕩沙漠外的世界，做點不同凡響的大事業，想也不想就加入了埃及軍隊。

加入埃及軍隊後，我才知道，非埃及人的我們，與其他來自迦南部落的傭兵，被埃及人稱為「夏蘇」（Shasu）。我們無緣成為風光的馬車戰士，只能擔任運送軍糧與修築工事的任務。就算配發到長矛或是弓箭，也沒能夠得到像樣的訓練。

為了回應北方西臺帝國的擴張，埃及法老塞提一世下令，埃及軍隊由西奈半島向北開拔。軍隊沿著白海（今日的地中海）濱北上，每相隔駱駝一日移動的距離，便命令我們修築一座軍事碉堡，修築的工作整整進行了一年，直到迦南海邊，亞摩利人的土地為止。

初次見到亞摩利人，我可真吃了一驚。亞摩利男子的身材高大如香柏樹、肌肉結實如橡樹。作戰時，頭戴銅盔、身穿鎧甲、腿上有銅護膝、兩肩之中背負銅戟。若是一對一的對抗，無論埃及或是西臺的戰士均不是對手。可惜亞摩利人的人口不多，又沒有傑出的領袖帶領，一直成不了氣候。

我隨著法老塞提一世的軍隊駐紮在迦南地海邊的碉堡，完成每日例行的伙房工作後，我便拉著埃及的軍官學識字。感謝神，我對語言與數字特別有天分，很快我就學會埃及的象形文字，也學會迦南地常用的蘇美楔形文字。

我的埃及長官很賞識我，讓我擔任伙食與日用品的採買。讓我得以認識控制整個迦南地貿易的腓尼基人。腓尼基人的語言與米甸人的語言很接近，幾乎不需要特別學習，便可以與他們溝通無礙。

這些腓尼基人買賣一切有利可圖的東西，從未覺得良心不安。他們既不誠實、也不正直。他們把裝得滿滿的錢箱當成是人生的最高理想。

腓尼基人不喜歡書寫複雜的埃及象形文字，他們使用蘇美楔形文字來記帳，但是埃及的軍官看不懂楔形文字。為了每個月與腓尼基人結算採買的金額，我用特定幾個埃及文字發展出二十二個簡化過的字母，這二十二個字母可以代表腓尼基語中子音的部分，進而拼寫出帳本上的單字。腓尼基人喜歡「字母」這個概念，很快他們所有的帳本都使用我那一套方式來作記錄。

為了巴結掌管帳務的我，腓尼基人想塞些錢賄賂我。我告訴他們，我的神不允許賄賂。我只要求他們告訴我一則又一則白海上的冒險故事。

來自深海中的八爪怪物，能將水手由甲板上捲入海中吞食。

南方龍血島的魔女，她坐在礁石上發出的歌聲能令水手喪失心志。能吞下整艘船的大魚，將消化不了的人骨成堆吐在海底，形成了各式珊瑚。每回聽完故事，我想離開埃及軍隊去闖蕩海上世界的想法就增加些。法老塞提一世在位的第三年初春，我服役的軍隊再度奉令往北開拔，準備攻下亞摩利人的要塞卡迭石（Kadesh）。那時候我知道我逃離軍隊的機會來了。

III

根據埃及探子的情報，卡迭石城雖然堅固，但裡面沒有西臺人的部隊，僅有少數亞摩利人的部隊駐守。埃及將領的戰略就是要速戰速決，一定要在西臺援軍趕到前，攻下卡迭石城。

埃及以少數兵力引誘亞摩利人打開城門迎戰，並假裝不敵。愚蠢的亞摩利主力部隊越追越遠，真正的埃及主力部隊便趁機拿下了卡迭石城。等到被引誘出城的亞摩利部隊調頭，城牆上已經飄揚著埃及法老的旗幟。

傍晚，埃及的正規軍開始有計畫地掠奪城中的亞摩利人。

殘疾、病人、兒童與老年人都被屠殺，年輕的男女被綑綁，準備帶回埃及為奴。眼睛發紅的埃及士兵進入城中的聖殿祭壇，將獻祭的金銀器皿搜刮殆盡，神像上以寶石鑲嵌的眼珠也被挖出。

像我這種外籍傭兵，是無法跟埃及士兵一起參與這種利潤豐厚的掠奪，我們只能守在城外，監視北方的西臺軍隊是否會前來奪回卡迭石城。

趁著埃及軍官忙於掠奪的同時，我悄悄離開部隊的駐地。

夜裡，我游過奧龍提斯河，騎上前來接應的腓尼基人為我準備的驢子。經過一個晝夜，來到腓尼基人的港口泰爾（Tyre）。

我被帶到一位衣著十分體面的腓尼基人面前，他告訴我，他願意讓我免費搭乘他的船隻航行各地。交換的條件是，我必須教會他在各港口雇用的記帳士，那一套我發明的「字母」。

接下來的兩年，我不時隨著腓尼基人出海，乘著貨船航遍了腓尼基人在白海的大小港口，包括錫登（Sidon）、比布魯斯（Byblos）、塞浦路斯的其訊（Kition）、非洲迦太基（Carthage）、克里特島、迦斐託島（Caphtor）。

與埃及人或是西臺人不同，腓尼基人不耕作、不牧養牲畜，腓尼基人的領土就是大海。我見識到那位腓尼基船東是如何靠著交易貝殼提煉的紫色染料、黎巴嫩山上的雪松、葉門的乳香、西奈山的綠松石，累積了超越埃及法老的財富。

一個平靜無波的夜晚，我所搭乘的腓尼基貨船就停靠在西利西亞（Cilicia）省的港口卡拉太貝（Karatepe），那裡是西臺人在白海最重要的港口。

當晚，我做完了晚禱後，卻怎樣也無法入睡。就在翻來覆去之際，見到船艙門口閃過一道白光，我心裡覺得有異，滅了艙房裡的油燈，拿著牆邊的杖，連忙躲到準備要出售的一捲捲紫色布疋之後。

靠著穿過窗的月光，我瞥見船長與一位高大的水手躡著腳，提著刀走進艙裡。原來剛剛的白光是刀背所反射的月光。當聽到刀子砍在鋪在地上的毛毯所發出那種空虛的聲音，船長隨即以火石點燃了燈，火光映著他臉上吃驚的表情。

躲在布疋後面的我氣憤地向神禱告說：「主呀，求你拯救我脫離這惡人的手吧。」

隨後，我由紫色布疋後站起身來，大聲地斥責這些忘恩負義的腓尼基人。我呼求我的神報應他們，我詛咒腓尼基繁榮的港口必荒涼，腓尼基的船隻必沉沒，腓尼基人必四處奔逃，自救性命。

提著刀的水手走向前來，我拋下手中的杖，杖變成了蛇，一口咬死了水手。船長見了神的能力，連忙跪在地上，直說這不是他的主意。那遠在泰爾的船東不願意外邦人知道腓尼基人斂聚財富的祕密，所以打算將我除去，而他只是奉命行事。

我饒恕了船長，只要求他讓我從容地離去。船長畏懼神的能力，解下他頸上珍貴的綠松石項鍊送給了我，懇求我解除先前發出的詛咒。

顧不得黑夜，我跳下了船。為了避開港口西臺士兵的盤查，我只好游到較遠處的沙灘上岸。感謝主，夏末的海水還算溫暖，即使像我這樣並不十分擅長游泳的米甸人，也能在體力耗盡前上岸。

我在岸邊的樹林躲了一夜，天亮後就往內陸走去。途中要是聽到人聲，便躲藏起來，直到確認聲音遠去，才敢繼續行走。

循著水聲，傍晚我來到一座不起眼的峽谷。峽谷的中央有條小溪流過，兩旁是茂密的樹林。我喝了點冰涼的溪水，摘了溪旁尚未成熟的野葡萄充飢。雖然肚子還是有點餓，但身體實在疲憊不堪，爬上溪邊的一顆平坦的大石後，我便沉沉睡去。

IV

深夜，樹林深處傳來哭泣聲般的嚎叫，將我由深沉的睡眠中喚醒。我原以為是嬰孩的哭聲，不一會才認出是母貓的發情聲。仔細聽，黑暗中的溪水還夾帶著貓頭鷹與母狼所發出的煩躁與不安。

睜開眼，明亮的滿月正走到在夜空的最高點。我緩緩坐身起來，見到銀色的月光灑落於不遠處一個赤裸的少女身上，她金色的長髮直垂到腰際，她高舉著雙手，手掌朝上，彷彿迎著那降下的月光。她的大腿以下浸沒溪水中，上半身卻文風不動。她閉上雙眼，口中不斷念念有詞，但聲音被水聲與野獸的嚎叫聲所蓋過。

我知道不該這樣看著女人赤裸的身體，但我的目光始終無法離開那完美的身形。在溪水的衝擊下，她胸脯起伏的節奏似乎越來越快，直到突然她垂下雙手，並睜開雙眼。

她顯然也見到了我，但卻沒有任何反應。即使有點距離，我仍可以看出來她的眼神有些渙散。

突然，我見到月光下，兩隻水蛇從她的腳旁竄出。我擔心少女被毒蛇攻擊，連忙跳入水中，巧妙地捉起了蛇。這兩隻蛇頓時也化作兩根漆黑的木棍。

「好高明。你是怎麼辦到的呢？」她的聲音就像銅鈴般清脆。

我用生硬的西臺語對她說：「這是祕密。」

她從我手中取過了這兩支杖，放到水中，杖頓時又化為兩隻水蛇游開了。

「牠們倆是好孩子，別捉弄牠們了，牠們還要去生孩子呢。」

我吃驚的問她：「妳是怎麼辦到的呢？」

她俏皮地對我眨眨眼說：「這是祕密。」

她走出溪水，爬上我剛剛睡覺的大石上，卻仍然是一絲不掛。

「你打哪來，哪一國，哪一族的人。」她問。

我也隨她爬上大石，坐在她身邊，一五一十地告訴她我的故事。不知為何，在她面前，我完全不想隱瞞任何事。而她只是靜靜的聽著。

「我是蒲杜海琶（Puduhepa），太陽神的女兒。我知道你的神，米甸地的神。祂性格暴躁、侵略成性。曾經祂的怒氣和火山一同噴發，烈火焚盡了兩座城市。祂的祭司無時無刻都得擔心，會因一點細小的過錯就受到嚴厲的懲罰。」

我想反駁，但沒有說出口，因為她似乎比我更認識我的神。

顯然，她也不需要我的回覆。她突然轉身抱緊了我，激烈地吻上我的唇。

我也曾經跟著腓尼基人到港口旁那些荒唐的小巷裡作樂，男女之事對我來說並不陌生。但我與蒲杜海琶所發生的關係，則是全然不同的經驗。我可以感受到一股巨大的力量在她的體內流竄，而那股力量似乎就來自一旁的貓頭鷹、野貓與水蛇，那條溪流、那片樹林、那一整片的土地的所有生靈。

天亮後，蒲杜海琶喚醒了我。她告訴我她要先回家，要我好好待在峽谷裡，千萬別走進城裡。西臺人最近將要出兵奪回遭埃及攻占的卡迭石城。像我這樣突然出現的南方人，很容易被當成間諜而遭到逮捕。

起身後，我發現峽谷裡的景色與昨天完全不同。一夜之間，溪畔的草足足長了一個手肘長；白楊樹的枝葉變得茂密；原本幾株即將凋謝的百合花，今天卻神采奕奕地張開著白色的花瓣；連昨天吃來酸澀的野葡萄，今日嘗來卻猶如蜂房滴下的蜜。

我不禁聯想到阿斯塔蒂女神（Astarte）。

當我隨埃及軍隊開到大馬色城，曾見過城中央敬拜巴力與阿斯塔蒂的神廟。當地有一種奇異的習俗，未婚女子會來到巴力與阿斯塔蒂的神廟中充當神妓，藉著與陌生男子性交來祈求農作物得到豐收。

原本我對這種事嗤之以鼻，並視巴力與阿斯塔蒂為愚昧的偶像，喜好行淫的假神。但按著蒲杜海琵的說法，倒像是我的神才顯得易怒暴躁又心胸狹窄。

夜裡，蒲杜海琵帶了些烤餅與西臺男子的衣物回來。我問她一夜未歸是否會遭到父兄責罵，她笑著搖搖頭說：「愛人，我的父兄不是我擔心的對象，我所畏懼的是你那易怒的神，但我相信伊斯塔女神（Ishtar），祂將你由千里之外的米甸地帶向我，其中必有祂的美意。昨夜，你的力量像是一座橋，將我的靈魂領向大地之母伊斯塔女神。」

我沒有想起我的神，我只是迫不及待地解下她的衣服。她微笑著並沒有反抗，一切都向前一夜一般的美好。

事後，我躺在大石上，她的頭靠在我的胸口，金色長髮散發著美好的女性香氣。她發現了我頸上所繫的綠松石，便將綠松石握在手中，接下來便是一段長時間地寂靜。

「這寶石來自南方古老的土地。」她臉上帶點困惑地說。

「這寶石來自西奈山，我的故鄉米甸。」我沒有告訴她，這項鍊其實是腓尼基人給我的。

「我剛剛握著你的寶石，一股細微的聲音似乎想要告訴我什麼，但我的心現在還太亂，無法聽清楚。」

我解下了鍊子，將綠松石繫在蒲杜海琵雪白的頸上。這綠松石從來沒告訴我過什麼，看來蒲杜海琵是它更好的主人。

她要我換上她所帶來的衣物，並給了我一個新的身分，「伊斯塔神廟駐卡拉太貝煉鐵場書記」。

V

幾天後我慢慢對這一切有了瞭解。

伊斯塔女神是卡拉太貝城的守護神。我們相遇的溪谷是女神的禁地。蒲杜海琶的父親是伊斯塔女神廟中的大祭司。自小，蒲杜海琶的父親便發現，小蒲杜海琶似乎比身為祭司的他擁有更大的能力。蒲杜海琶多次展現使作物一夜成長，或是幫助長年不孕的女信徒受孕的神蹟，讓她在城中幾乎受到女神般的對待。

蒲杜海琶的父親作為大祭司，同時也負責為西臺國王監管西利西亞最重要的特產——鐵礦。暗紅色的鐵礦石在西利西亞臨近的托魯斯山區（Toros）開採，隨後會集中到一旁的煉鐵場煉成生鐵，煉鐵所需的大量木材與煤炭同樣由托魯斯山取得。製成的生鐵會由帝國首都哈圖沙(Hattusa)的官員統籌分配到帝國各地的兵工廠，由公匠製成箭頭、槍頭、斧頭、盾牌、盔甲、雙輪戰車的車軸。

由鐵製成的這些武器，遠較埃及人的青銅器更為堅硬，能為西臺人在戰場上取得極大的優勢。為了應付與埃及之間越來越激烈的衝突，穆瓦塔里二世不斷催促蒲杜海琶的父親增加生鐵的產出。

作為祭司，蒲杜海琶的父親對於禱告與獻祭十分在行，但對於礦場的生產管理可就一竅不通，而我的出現正好解決了她父親的困難。

感謝神，我與腓尼基人的經歷，讓我能清楚管理貨物與數字。雖然西臺人並不喜歡我那些由埃及文字簡化而來的字母，使用西臺人的楔形文字來記帳卻也難不倒我。

因為是神廟直接派遣來的書記，擔任的又是監督生產品質與數量的工作，煉鐵場的工人們對我總是極為畏懼，沒有人敢詢問我的來歷，我也樂得故作姿態，免得引來不必要的麻煩。

鐵礦區距離卡拉太貝城有一天騎馬的路程，因此城裡並沒有多少人知道我的存在。我與蒲杜海琶維持了每月一次月圓時在峽谷的會面，每一次都跟第一次一樣美好。

直到有一天，蒲杜海琶告訴我，她懷孕了。

我興奮地摟著她，這是我盼望許久的消息。我告訴她，我願娶她為妻，希望能儘速向她的父親提親。

不料，她只是低著頭悠悠地說：「情人，言語不足以表達我對你的愛，但女神有不同的旨意。」

我氣憤地回應：「為了我，你就不能跟我回到米甸地嗎？我們可以養一大群小孩。他們會吵鬧，我會管教他們，妳卻會心疼地安撫他們。長大點，孩子會幫忙牧羊，我們倆可以騎著駱駝，看遍從埃及到西臺的風光。」

「聽我說。我的一生已經全然奉獻給了伊斯塔女神，況且你的神，也斷無法接納我。」一邊說，她落下的淚一邊滴在我的胸口。

未等到天明，蒲杜海琶便獨自離去。我呆坐到第二天，直到一聲將白楊木擊破的雷電才將我喚回現實。起身後，聽見一串清脆的響聲，原來是昨夜她的淚滴化為一顆顆白色的珍珠，全部由我的胸口滾落潺潺的溪水之中。

淋著當地難得一見的大雨，我回到托魯斯煉鐵場。接下來的每一日，我不斷思索著要如何將蒲杜海琶與孩子帶回米旬地。我求告神，但神沒有回應。

也許，就像蒲杜海琶所說，我的神絕不會同意我與一個異教的女祭司結合。

VI

我仍舊努力滿足由卡拉太貝城規畫的生產目標，甚至工作得更加努力，彷彿如此，蒲杜海琶就能知道我還是依舊等待著她。

每個月的月圓，我都會回到峽谷，試圖再度見到她。經歷了十五個月的失落，終於在第十六個滿月之夜，我再度見到蒲杜海琶。

那一夜，蒲杜海琶穿著一身繡金絲的馬甲，披著高貴的紫色外袍，腳上穿著鑲滿紅寶石的高底木屐來到峽谷，她雪白的頸上繫著我送她的綠松石項鍊，手裡懷抱著一個木條編成的籃子，籃子裡是以羔羊皮包裹著的嬰孩。她將籃子小心翼翼的交在我的手中。

「這是我們六個月大的女兒，我已將她取名為西坡拉。」

不知是否是成為母親的關係，我感覺到蒲杜海琶說話時有一種完全不同以往的神韻。而她的模樣也變得比從前更美。

「你該回到你的土地上了。雖然不捨，但我今天要將女兒交給你。你要將她帶回米甸地，讓她受最好的照顧，使她擁有高尚的品德。」

我氣憤又詫異地說：「這難道就是我苦等一年半所得到的答案嗎？我情願神讓我當初從未見過妳。為了妳，我每天都飽嘗相思的折磨，我徹夜難眠，我日漸消瘦，為愛情哭腫了雙眼。我早已成為妳的俘虜，我再也無法回到從前。」

蒲杜海琶抬起了頭，以堅定的眼神看著我說：「我何嘗不想念那份月光下的愉悅。但自幼伊斯塔女神便召喚了我，儘管她開展在我眼前的道路艱難而陡峭，但這是我的使命。

還記得你送我的綠松石項鍊吧。女神讓你帶給我這來自古老的土地的寶石。透過綠松石的力量，我知道女神正變得衰弱，而我是她最後的希望。」

「扔了那石頭吧，那是石頭，沒有神在其中。」我反駁著。

蒲杜海琶無意與我爭辯，接著說：「在古老的時代，人們只知道大地之母，也就是我們西臺人所稱的伊斯塔女神，在其他地方的人們對祂有不同的稱呼，你們米甸人應該是稱呼祂為阿斯塔蒂女神。」

當我聽到阿斯塔蒂女神的名稱，不禁愣了一下。蒲杜海琶信奉的果然是那好行淫的女神。

蒲杜海琶看了我一眼，繼續說：「當人們所種植的大麥、小麥、葡萄收成時，他們感謝大地女神；當獵人獵得了林間的野豬，他們感謝大地女神；當羊圈裡的母羊生下了小羊，他們讚美的還是大地之母。人們是大地的一部分，大地也是人們的一部分。人類、葡萄、野豬、小羊都是大地之母所孕育，所有生命一同和諧地相處，彼此敬重。即使是人類將葡萄、野豬、小羊吃下肚，牠們的犧牲也必伴隨著感激之情與祝福，讓牠們的靈魂重回大地之母的懷抱。」

我向蒲杜海琶反駁道：「神按祂的形象創造人。我們原本居住於伊甸園之中。祂令我們管理海裡的魚、空中的鳥和地上的一切活物。人的地位只比天使略低一點。葡萄、野豬、小羊是我們的食物，牠們沒有靈魂。」

「你的說法來自米甸地的神。就像埃及的阿蒙神、亞述的太陽神沙馬士，這些男性眾神的問題在於祂們的性情過於好鬥。自從世人崇拜祂們以來，各民各族就轉變為一個個戰鬥部隊。」

「難道你認為我們米甸人所崇拜的是嗜血的假神嗎。」我氣憤地說。

「不，你的神為真。埃及人、亞述人、西臺人的神也都為真。凡是信為神的，這神就為真，那地的人就屬這神。但大地之母對這些神沒有約束的能力，當地上的生靈不再想起大地之母，而彼此殺戮，甚至將其血倒在地上以奉獻給諸神，大地之母就會受傷衰弱。」

「好，就算如此。作為伊斯塔祭司的妳又能改變什麼？」我不解地問。

「情人，我知道你的神，祂自視單獨且唯一，其他都是魔鬼。但我需要你的幫助，好讓伊斯塔展現給我的異象能實現。」

「妳繼續說吧。若不是要我背叛我的神，我願意付出一切來完成妳的託付。」

「西臺國王穆瓦塔里二世與他的兄弟哈圖西里三世（Hattusili III）已經來到卡拉太貝城。因為埃及的新國王拉美西斯二世正準備揮軍北上，建立屬於他自己的功績。伊斯塔女神將協助哈圖西里三世擊退埃及軍隊，而我會成為哈圖西里三世的妻子。」

「擊退拉美西斯二世後，西臺軍隊會繼續攻擊埃及嗎？」我心裡擔心米甸地將成為戰場。

「不會，伊斯塔女神不是好殺戮的神。拉美西斯二世會因他的好大喜功而落入我的反間計，但拉美西斯二世不會因此喪失生命，因伊斯塔女神將保守我的女兒成為他的妻子。」

「妳是說我懷裡的西坡拉嗎？」

「不，成為埃及皇后的將會是我與哈圖西里三世的女兒。未來，小國林立的迦南地，必由一位出自埃及的以色列人所統一，西坡拉將成為這迦南地新王的妻子。你必須帶她回到米甸地，等候這以色列王的來到。」

「妳嫁給哈圖西里三世，只是為了讓妳的女兒成為埃及的皇后嗎？」我心痛地問。

「那只是伊斯塔女神計畫的一部分。未來，我將成為西臺的王后，而我的兒子將成為西臺的國王，我的兩個女兒分別成為埃及與迦南地的皇后，在伊斯塔女神的應許下，我的血脈將治理著由黑海濱到南方沙漠的廣大土地。大地之母伊斯塔女神將得到復興，取代埃及、迦南地、與西臺那些好殺戮的神明，讓萬民與萬物能再度和諧地相處。」

「妳的兒女成為國王或是皇后又如何？妳那慈愛溫柔的大地女神如何能教世人脫離色慾、貪婪、悲嘆、懶惰、自負及傲慢等諸般惡行？在我看來，沒有嚴厲的戒命、懲罰、憤怒、毀滅，頑梗的世人是不會認識神的。」

「我的確不知道答案。我想我需要更大的西奈綠松石。這種古老的玉石能讓我更清楚感受到伊斯塔女神的力量。你的綠松石質地雖好，但能量已經耗盡，我需要你回到西奈為我找一個更大的綠松石，最好大到讓我可以坐在上面。」

「整個西奈的綠松石礦場都是法老的財產，即使我找到了這麼大的綠松石，也無法交付給妳。」

「這你就別擔心了。你只要負責找，將來法老必然會同意將綠松石送給我。因為我會將女兒許配給他，兩國將不再有戰爭。」

我不可置信地搖了搖頭，短短的十五個月，蒲杜海琶似乎已經完全不是我當初在溪水畔遇見的通靈少女。現在的蒲杜海琶，倒像個法力無邊的的女祭司。

我望著她如水一般的眼睛，但在她的瞳孔裡卻找不到我的身影，我只能悻悻然地回答：「我會好好照顧我們的女兒。」

蒲杜海琶的心中已經沒有我的位置，這是最讓我難受的地方。

「我已經為你準備好了兩匹驢子跟一個胡里特奶媽。胡里特女子英勇的名聲，你應該聽過。她會照料你與孩子一路回到米甸地。」

我的確聽過來自北方山地的胡里特人（Hurrians），據說當地的女子會把一邊的乳房割去好方便拉弓射箭。月光下，我見到一個高大的女子牽著兩匹驢子慢慢走近溪邊，並點頭向我示意。我好奇地望向她的胸前，看來傳言並非真實。

當我再回頭，蒲杜海琶已經消失，只留下空氣裡她淡淡的髮香。

VII

清晨，當第一道曙光射進峽谷，我與胡里特奶媽騎上驢子開始往南方出發。她熟練地將孩子以一張包巾綁在胸前，方便在驢子上也可以隨時餵奶。

雖說是奶媽，但這位胡里特奶媽當時看來，約莫只有二十出頭而已。她告訴我她的名字叫希西，三年前西臺人入侵胡里特人的土地，她的丈夫與孩子都被殺死，她被當作奴隸帶回西臺的首都哈圖沙，不久又輾轉被賣到卡拉太貝，成為蒲杜海琶的女僕。

由卡拉太貝城往南方卡迭石的路上，隨時可以見到帶著長矛的步兵隊伍，或是一長列可以搭載三人的雙輪戰車。為了避人耳目，我們只能挑選小路利用夜晚前進。

我的思緒還是全都圍繞著蒲杜海琶，想到她拋下我與我們的女兒，我便淚流不止。每當想到與她相遇的那個月夜，我卻又傻笑不止。希西不時會摘些野果或烤了些她打來的野味給我，但我絲毫沒有胃口。

足足走了半個月，我們才抵達了當年我逃離埃及軍隊的舊地——卡迭石。

卡迭石戰役已經結束。西臺國王穆瓦塔里二世辛苦地擊退了法老來犯的部隊。戰場尚未清理，奧龍提斯河畔仍散佈著數以千計埃及與西臺的戰車殘骸。春天的陽光照耀在草叢中陣亡的戰士身上，青草的味道混合著令人作嘔的腐臭瀰漫數十里。

為了避免小嬰孩受到空氣中惡靈的侵害，我與希西加緊趕路，離開卡迭石城。

當經過埃及人控制的大馬色城，希西要求進城去添購些布料與香料。我發現原本巴力神殿前的廟妓都已不見蹤影，取而代之的是上百名受傷的埃及官兵。醫官為受傷的埃及軍官的傷口仔細的抹上研磨後的沒藥，安排在神殿前的廊下靜養。一般的埃及步兵則是以蜂蜜塗抹傷口，七橫八豎地躺在廟前臨時搭建的棚子下。

一名失去手掌的埃及士兵，嘴裡不斷地嚷著口渴，我要希西拿了些水給他。這士兵顯然因為失血過多而顯得臉色蒼白，神志也不清楚。喝了水後也沒有一句道謝，口裡只是嚷著：「媽媽、媽媽、媽媽……」過了不久便斷氣了。

戰爭的殘酷與血腥將我由失去戀人的傷痛中拉回到現實的世界，我開始理解蒲杜海琶所打算建立的西臺—埃及—迦南聯盟也許確有其價值。

由大馬色再度出發，又經過半個月，我終於回到了家鄉。

幾天後，遇到當年與我一同成為埃及傭兵的鄰居。由他的口中，證實了蒲杜海琶的預言已經成真。

埃及法老拉美西斯二世派出了超過兩萬人的軍隊，準備攻下卡迭石城。主力部隊以四位埃及最重要的神明來命名，分別是由拉美西斯二世親自率領的「底比斯神—阿蒙」，以及「太陽神—拉」、「風暴神—賽特」、「孟斐斯神—卜塔」。最後還有一支由埃及附庸國組成的「夏蘇」雜牌軍。

拉美西斯二世聽信西臺間諜的謊言，誤以為西臺國王穆瓦塔里二世躲在阿勒坡城不敢出戰，他率領阿蒙軍拋下其他三支主力部隊，獨自進攻卡迭石城。

拉美西斯二世的阿蒙軍落入了西臺國王設下的陷阱，數千人遭受到三萬西臺主力部隊的包圍了。阿蒙軍被打得潰不成軍，連拉美西斯二世的護衛都被殺光，法老得親自拿起武器作戰。

就在阿蒙軍即將全軍覆沒，原本不被看重的「夏蘇」傭兵卻突然加入戰局，解救了拉美西斯二世，也將原本一面倒的戰局轉變為兩軍對峙。

接下來是延續兩天數千輛雙輪馬車與數萬步兵在奧龍提斯河畔的混戰。奧龍提斯河的河水因過多的死屍而阻塞，戰車殘骸焚燒的烈焰連阿勒坡與大馬色城都可以看見。最後，埃及軍已無力進攻，西臺軍也無力追趕敵軍，兩邊同意停戰。

我的鄰人在夏蘇軍中服役，原本以為解救拉美西斯二世是大功一件，即使卡迭石城未能攻下，法老應該也會好好獎賞他們，但驕傲的法老根本不願意承認是外邦的夏蘇士兵解救了他。

法老對全軍表示，在他獨自受到西臺馬車的圍攻時，他祈求阿蒙神的幫助，阿蒙神垂聽了他的禱告，讓他如有神助，擊殺了無數敵人，最後反敗為勝，法老完全沒有提到任何「夏蘇」傭兵。夏蘇軍就地遭到解散，所有的傭兵不得進入埃及。我的鄰人，只拿到一袋麵粉作為軍餉，悻悻然地回到米甸地。

VIII

經過這一段艱辛的旅程，我認定希西是個勤快且順服的女子，我告訴村裡的人，希西是我在外邦所娶的妻子，之後我又跟希西生了六個女兒。而她也將西坡拉當作自己的女兒般細心照料。

我在米甸地以牧羊為生，有時也在西奈山附近捕蛇。雖說是捕蛇，但其實也是一邊尋找蒲杜海琶所託付的巨大綠松石。

我始終沒有找到夠大的綠松石。也許是我心裡仍舊猶疑著，讓蒲杜海琶從伊斯塔女神那獲得更強大的力量，到底是不是一件正確的事。畢竟，伊斯塔女神並不是我們米甸人的神。

回到米甸的第十五年，我聽說埃及礦工在這村莊附近的山丘下，挖掘出一顆巨大的綠松石，這顆綠松石被切割成半人高的正方體，打磨後由埃及官員以馬車送往西臺的首都哈圖沙。

礦場的埃及官員透露，埃及法老拉美西斯二世與西臺的新國王哈圖西里三世已經訂定和平條約，西臺的公主正前往南方的埃及，準備與法老成親。西臺方面對於埃及的要求只有巨大的綠松石。

我沒有依蒲杜海琶的要求找到綠松石，但看來蒲杜海琶的計畫還是一步一步地完成。只是我的心裡還是有些莫名的不安。

從那天起，我按著蒲杜海琶的預言，開始專心等待來自埃及的以色列人。

IX

漫長的故事說到這裡，葉忒羅停下來喝了口酸羊奶。

埃及人望著葉忒羅放在一旁的木杖，似乎好奇著這手杖是否也是由蛇所變成。

沉思了一會兒後，埃及人緩緩地說：「尊貴的祭司，您剛剛所說的是我所聽過最不可思議的故事了。我叫穆薩，來自埃及，自小出身於埃及王室，由埃及公主扶養長大，但我的確是以色列人。我不敢妄想娶您的高貴的女兒，我因殺死了埃及人而逃到此地，我只願你能讓我與你同住。」

葉忒羅如釋重負的說：「必是神打發你到我這裡來。我的女兒西坡拉會成為你的妻子。未來，你必證明，這位神是蒲杜海琶的伊斯塔女神，還是我們米甸人的神，還是你們以色列人的神，還是其實祂們三位是同一位神。」

住宿便利貼：

Asikoglu Hotel

雙人房一晚約六十里拉。

附近餐廳不多，若在旅館內用午餐與晚餐，每人一餐約十五里拉。

由旅館可以步行至西臺的首都哈圖沙。

交通便利貼：

由安卡拉搭乘巴士到 Sungrulu（每人二十里），由 Sungrulu 搭計程車到 Bogazkkale。可以先聯絡當地旅館安排計程車，車資由旅館先與司機談妥（一部車約三十里拉）。

Chapter 2
西奈山

西奈山：

攀登西奈山有兩條路徑，一般而言都會選擇較長但是較容易走的駱駝道（Camel path）。入口就在聖凱薩琳修道院的後方五十公尺處。登到山頂需要三~四小時。山頂的氣候在夏季約攝氏十餘度，冬季只有攝氏零度左右，需要穿著羽毛衣禦寒，山頂也有出租毛毯，另外還需要自備強力手電筒。

要看到日出需要在清晨兩點出發。看完日出下山，大約也就是修道院開門的時間（9:30AM-12:00PM，周日、週五不開放）。

修道院的歷史可以追溯到西元三三七年，君士坦丁大帝的母親海蓮娜下令在燃燒荊棘的原址修建禮拜堂。這燃燒的荊棘是上帝第一次向穆薩顯現之處，也是整個出埃及記的起點，該修道院以擁有豐富的古代手抄經文與聖畫像而聞名。二〇〇二年入選世界文化遺產。

I

革舜，按著閃族語的意思是「我在外邦作了寄居的」。

革舜的父親穆薩，很顯然在為他取名字時，心情不是太好，所以才取了一個這樣莫名其妙的名字。

革舜的弟弟叫做以利以謝，意思是「神的幫助」。革舜自小就覺得弟弟的名字聽起來響亮多了。弟弟的名字是母親西坡拉所取，因為母親堅持不再讓父親為孩子亂取名字。

革舜出生時，父親穆薩已經六十多歲。自小，父親難得跟他們說幾句話，更別說是擁抱等親密的接觸。革舜小時候還不懂得為什麼，只曉得沒事盡量離父親遠一點，省得自討沒趣。等到長大一點，漸漸也能感覺到，父親身上的那股失意、抑鬱、憤怒與焦慮。

不同於父親對兄弟倆的不聞不問，革舜的母親西坡拉對他們兄弟的管教十分嚴格。母親不喜歡他們倆幫父親牧羊或是捕蛇，反而要他們向祖父學習埃及文、亞述文、西臺文、甚至是祖父發明的腓尼基字母與記帳的知識。

他們倆坐著的姿勢、走路的步幅、吃飯的動作、說話的語調，西坡拉也會不時糾正。總要兄弟倆在外人面前，時時保持優雅的儀態。

同為牧羊人的鄰人們，私底下嘲笑母親西坡拉對他們兄弟倆的教育方式。

鄰人們認為，在這以牧羊維生的小村子，革舜兄弟所學的東西一點用處也沒有。但從沒有人敢在西坡拉面前有所批評，村裡的人都盡量不去招惹西坡拉的潑辣脾氣。

革舜倒是很清楚母親壞脾氣的由來。

母親總不放棄任何機會向他們兄弟倆抱怨，她這充滿不幸的一生，源自於外祖父錯誤地將她許配給了他們兄弟倆的父親。

母親不時對兄弟倆提醒，西臺國王圖特哈里四世（Tudhaliya IV）是他們的舅舅，埃及法老拉美西斯二世的皇后也是他們的阿姨，他們兄弟倆擁有皇室高貴的血統，總有一天要成為統治萬民的國王。

革舜從來就不相信母親講的這些話。要是真有如此顯赫的舅舅與阿姨，那他們怎麼還會跟外祖父在這一無所有的沙漠牧羊。

每天日落後，父親穆薩會將羊群趕回羊欄，但卻極少與他們一同吃飯。他通常拿著麵包與羊奶酪匆匆躲進帳篷裡，油燈下，獨自在莎草紙上寫些東西。

外祖父葉忒羅對此並不以為意。他總告誡革舜，要敬重父親，他的父親是神所揀選的人，總有一天，他的父親必會成就一番驚天動地的大事業。

革舜很難理解外祖父的話。

頭髮斑白、肌肉乾癟的父親看來似乎比外祖父還要蒼老，如此的老人，究竟還能成就怎樣的一番事業。每當母親聽到祖父這些話，憤怒更是立即爆發開來，反駁外祖父當初必然是看走了眼。

最疼愛革舜的是外祖母希西。自小，外祖母便會幫革舜做些小彈弓或是小弓箭，教導他如何在沙漠裡獵些野鼠或野兔。

外祖母不識字，也不像外祖父每日禱告五次。她只是反覆告誡革舜，要友愛兄弟，與人和睦，不可懶惰，不可害人，不可貪婪，這些簡單易懂的道理。

革舜很小就注意到，外祖母一個人的時候，總喜歡望向北方。她說遙遠的北方是她回不去的故鄉，那裡有一座比西奈山還要高的聖山，終年山頂都覆蓋著白雪，山上據說還有著一艘大船。

II

改變是自革舜的父親從西奈山回來的那一天。

與平常不同，那一天革舜父親回到村裡時，臉上彷彿發著光芒。他沒有回到自己的帳篷，而是與外祖父葉忒羅在帳內徹夜長談。

第二天一大清早，外祖父親就備好了驢，要西坡拉帶著他們兄弟兩人，與父親一同出發前往埃及。

他們一家四口在靠近埃及的曠野受到了一個以色列祭司的迎接。這位祭司看來與革舜的父親一般的年紀，父親稱他為哈倫，並要求兩兄弟稱呼他為伯父。

革舜心裡納悶的是，這伯父的外貌、體態與父親相差甚遠，而哈倫伯父對於這兩位侄子也不是特別熱情。

哈倫伯父帶著他們一家人前往位於尼羅河畔的拉美西斯城，那裡是法老拉美西斯二世為自己興建的新首都。沿途還經過比東與蘭塞兩座積貨城，哈倫伯父告訴他們，這些新城市都是以色列人所建造，但埃及人卻視以色列人為低下的奴隸，在各式工作上都嚴厲地對待他們。

革舜一家人就住在拉美西斯城內哈倫的房子裡。房子並不大，甚至有些簡陋，角落的房間還住著父親的未曾出嫁的大姐——女祭司米利暗。

到了埃及後，父親穆薩開始對兩個兒子透露他的身世：

他原是以色列人所生。當年，法老命令埃及眾民說：「以色列人所生的男孩，你們都要丟在河裡。」穆薩的母親將孩子藏了三個月，後來不能再藏，便將嬰孩裝在箱子，擱在河邊的蘆荻中。法老的女兒到河邊洗澡時發現了箱子。公主見孩子俊美，將孩子帶回宮中，取名穆薩，並做了公主的兒子。

嬰孩長大後，成了埃及王子，學得了一身的武藝，也精通神殿的各項侍奉。

有一天，穆薩見到一個以色列工人遭到一個埃及官員的毆打。因看不慣這樣的欺凌，便出手教訓那個埃及官員。不料下手過重，竟然將那名埃及人給活活打死了。

穆薩擔心法老追究此事，便躲到米甸地。接下來，就娶了母親西坡拉，並為革舜的外祖父牧羊與捕蛇。

對於父親的故事，革舜不是很能理解。貴為埃及王子，就算打死一個埃及人，又能算得上多重的罪，為何父親需要躲藏如此多年。但他也不敢追問父親。

在拉美西斯城中，革舜一家人每日跟隨著哈倫伯父，拜訪城中各角落的以色列人。能言善道的伯父向每個造訪的以色列人講述，當年革舜的父親穆薩是如何蒙神的憐憫，由一個以色列棄嬰成為埃及王子。又是如何為了以色列人，而喪失受人尊崇的地位。而今，以色列的神已經託付穆薩，他將要帶領以色列人出埃及，前往流著奶與蜜的迦南地。

每當哈倫說畢，父親穆薩便舉起他的手杖，對以色列人顯現將手杖變為蛇的神蹟。大多數的以色列百姓此時會匍匐在地，不住稱頌神，甚至掏出家裡的金銀首飾交給哈倫伯父。

也有些以色列人不歡迎他們，連讓哈倫伯父說話的機會都不給，直接就將他們轟出家門。

一天傍晚，他們離開了一個剛造訪的以色列石匠家庭。

這家的男主人開門一見到他們，便咒罵哈倫伯父為「神棍」、「騙子」，責備他使以色列人在法老面前有了臭名，拿起木棍便要往他們身上打。最後，他們只能狼狽地離開。革舜心裡覺得難受，但他可以感覺到，母親的不快似乎更為強烈。

哈倫伯父與革舜因尿急一起走到路旁小解，哈倫不經意的望了革舜的陰莖一眼後，臉便沉了下來。

哈倫拉著父親穆薩到一旁說話。不久後，母親西坡拉也加入了他們的對話。於是，激烈的爭執就爆發開來。

革舜隱約聽到，哈倫伯父堅持以色列人必須在出生的第八天割去包皮，否則就不能算是以色列人。而母親西坡拉則反駁說，按埃及與米甸地的習俗，男子只需要在婚前行割禮。

革舜的父親顯然是站在哈倫這邊。他怪罪西坡拉當年阻撓了他，不讓他為剛出生的孩子行割禮，並不斷詢問哈倫有無解決之道。

暴怒的母親西坡拉拾起地上一塊鋒利的火石，掀開了革舜與弟弟以利以謝的短裙，割下了兩個兒子的包皮，丟在穆薩的腳前，說：「這下你總該滿意了吧。」

說完，也不顧兩個兒子已經血流如注，拉著兩個兒子騎上驢，回到米甸地去。

父親穆薩並未出聲阻攔。

III

由埃及回到米甸地後，葉忒羅要革舜兄弟好好照顧母親西坡拉，專心等待他們的父親。葉忒羅知道他們的父親穆薩必會回到米甸地，因為這是他遇見神的地方。

回到米甸地的三個月後，往來埃及與米甸的商旅傳來發生在埃及各種從未聽聞的怪異災難：

尼羅河水變成了血色，還發出惡臭，無法飲用。

數不盡的青蛙由河中、池中爬上岸，毀壞了田地。

成群的蒼蠅布滿法老的宮殿與埃及人的房屋，食物都因而敗壞。

瘟疫降臨，人的身上與牲畜身上都發出起泡的瘡。

天空降下摻雜著火的大冰雹，摧毀了已經吐穗的大麥。

聽到這些不幸的消息，革舜十分擔心身在埃及的父親安危，日日在禱告中求神保守他的父親。

也許是往來埃及與米甸的商旅，帶來了埃及的瘟疫。米甸地的牲畜也陸續傳出零星的災情。雖然村裡的人大多平安，革舜年邁的祖母希西卻不幸受了感染。她那顯露著風霜顏色的皮膚，長出一顆顆鷹嘴豆大的水泡。一抓即破，血水頓時流出。

家裡的僕役擔心被感染，不敢照顧她。革舜便親自照料祖母希西。希西喉嚨的深處同樣長滿了水泡，因此難以進食，只能餵食一點羊奶與水。祖母的病情惡化得很快，長出水泡後的第三天，意識開始混亂。

革舜在祖母的帳篷裡燃燒乳香以淨化空氣，祖母卻以為自己身處於北方那座山腳下的村子。她將革舜當成她那個當年來不及長大的孩子，她溫柔地告訴他，世上的第一對男女就來自於聖山，那座終年積雪，形狀猶如金字塔的完美聖山，山頂還有一艘大船。而她終於也要回到她的聖山。

那一夜，祖母便永遠地睡了。

革舜與弟弟以利以謝將祖母希西葬在橡樹底下。就是當年葉忒羅宴請穆薩的那棵橡樹。蓋上沙土的那一刻，革舜第一次看到祖父葉忒羅流下眼淚。

往來以實瑪利的商旅帶來了以色列人離開埃及的消息，據說這些以色列人的領袖，正是他們的父親穆薩與伯父哈倫。有些人提到，法老的軍隊，曾經試著追回這些以色列人，但軍隊卻被紅海所吞沒。

埋葬希西後的第二個月，穆薩託人來見葉忒羅，請求與岳父及妻兒在西奈山的山腳下會面。葉忒羅立刻要女兒西坡拉，帶著革舜兩兄弟回到穆薩身邊。

西坡拉說：「父親，我見他到埃及後，便完全變了個人。他在埃及的兄弟哈倫與姐妹米利暗，以前也從未聽他提及過。這兩人我甚害怕，求你陪我一起去見我的丈夫穆薩吧。」

「妳丈夫的改變必出自神的心意。我會陪伴妳去見你的丈夫，也會順便觀察他的改變。」葉忒羅說。

當他們騎著驢抵達西奈山的山腳下，穆薩親自到帳外迎接他的岳父，向他下拜，與他親嘴，彼此問安。

短暫交談後，穆薩取來一隻羊羔，請葉忒羅為以色列人舉行了燔祭。

年老的葉忒羅手按在羊羔的頭上，以利刃切斷牠的氣管後放血。收集好的羊血灑在土地上。剝去羊羔皮後，取出內臟與脂油。清洗內臟之際，葉忒羅仔細觀察了肝的形狀和斑紋。

火放在壇上，把柴擺在火上。肉塊、內臟、頭、脂油都擺在壇上火的柴上。葉忒羅把一切全燒在壇上，使香氣達於天際，這是燔祭。

穆薩再取來一隻小牛。同樣將小牛放血，收集好的牛血灑在土地上。同樣取出內臟與脂油。清洗牛肝時，葉忒羅再度仔細觀察了肝的形狀和斑紋。接著將脂油和內臟燒在壇上，剩下的肉，就由葉忒羅與穆薩、哈倫和以色列的眾長老同吃。這便是平安祭。

第二天，穆薩一整天在自己的帳篷裡，忙著處理以色列百姓之間的爭執。葉忒羅陪在一旁觀察，並沒有出聲。

葉忒羅晚上向穆薩問：「接下來，你打算如何帶領這些以色列會眾進入迦南地？」

沉默了好一陣子，穆薩緩緩地說：「這些日子，我每日調解他們的紛爭。我很清楚知道，這些以色列人，根本不認識神。他們不知道神的法則，也無法按真理行事。我得先讓他們認識神，才能領他們入迦南地。」

葉忒羅聽完這話便告辭了穆薩，來到了西坡拉與革舜兩兄弟所在的帳篷。

葉忒羅告訴西坡拉：「妳的丈夫已經決心要教導這些以色列人，專心仰望唯一的真神。無論要花多少時間，多大的代價。」

西坡拉問：「那我們何時能抵達迦南地呢？」

葉忒羅壓低聲音說：「昨日，我觀察獻燔祭與平安祭所取下的肝。兩只肝的紋路都預言，現在這群以色列百姓，絕大多數將埋於這曠野之下。因為他們的不信，引起了神的憤怒，他們永遠抵達不了目的地。」

西坡拉哀求她的父親：「我等待我的丈夫成為迦南地的王已經四十年，我的青春已經逝去，我的美麗已經不再，無論丈夫得到何等尊貴的地位，也挽回不了這個事實。那美好的名聲、君王的財富，都是虛空。我求你帶我回到我們所居住的米甸地吧。」

葉忒羅搖搖頭，「女兒，妳知道妳的母親是伊斯塔女神的女祭司。我按她的託付，讓你嫁給了你的丈夫，這是你無可逃避的使命。學習你的生母，傾聽神的聲音，這一切必有神的美意。」

隔天，葉忒羅將女兒與兩個孫子交給穆薩後，便騎著驢回到本地去了。

V

穆薩向以色列各支派長老宣布，神命他上西奈山領受神的律法和誡命。神已將西奈山定為聖山，將山的四圍畫定界限，凡百姓摸這山的，必用石頭打死，或用箭射透。唯獨穆薩與他的助手約書亞可以上山。

西坡拉聽見這話便趕到穆薩的帳篷，她憤怒地問穆薩為何不帶自己的孩子上山。穆薩卻說，哈倫與米利暗對於他娶了外邦女子很有意見，為了避嫌，他只好帶著擁有純粹以色列血統的約書亞上山。

另一個對穆薩的宣布感到不滿的人是伯父哈倫。

哈倫向米利暗抱怨：「難道神就單與穆薩說話，就不與我們說話。」

待穆薩上了山，哈倫隨即要求以色列百姓交出耳上的金環，命工匠鑄了一隻金牛，並在金牛前築了一個祭壇。

以色列百姓喜歡這隻金牛，他們並不認為這金牛就是神，但他們喜歡崇拜看得見、觸碰得到的對象。更何況這金牛的形象他們並不陌生。他們在埃及的孟斐斯就見過埃及人在金牛前獻祭。金牛象徵神賜給人的力量、財富、愉悅與平安。

穆薩上山後的第四十天，哈倫帶領以色列人在金牛前獻祭。

百姓愉快地在金牛前吃喝。有人開始唱起了歌，接著有人拿出鼓來伴奏。祭壇的火堆旁，女孩們隨著鼓聲的節奏擺動臀部和腰部，圍觀的百姓高聲地為跳出最撩人舞姿的女孩叫好。自出埃及以來，第一次，他們覺得一切的鬱悶得到了宣洩。

革舜站在自己的帳外，望著那一群狂歡的以色列人。他畏懼哈倫伯父，他一點都不想參與這一場哈倫創造的盛會。

傍晚，西奈山上開始聚集了密雲，天空劈下一道閃電，伴隨著一聲轟隆巨響，劈中了祭壇不遠處的枯樹。鼓聲停了下來，所有人的目光都望向了祭壇。燃燒的枯木，發出霹啪的聲音。

穆薩幽靈般地出現在金牛後方，一隻手揪著哈倫的頭髮，眼中彷彿要噴出火來。

穆薩高聲斥責，「原本，神已賜給我，神所親手寫下十誡的石版，如今你們污穢了神的壇，神大大的發怒，石版已經粉碎，神將降禍於以色列人。」

哈倫一臉蒼白，嘴裡不知辯解些什麼。

穆薩命身後的約書亞將金牛推入祭壇前的火堆中，當金牛跌入烈焰之中，一陣狂風將迸射的火星捲起至數十丈高。方才高興地歌唱與跳舞的以色列人，此時都低著頭，不敢望著穆薩。

穆薩的左手仍舊揪著哈倫，他舉起右手高喊：「凡屬神的都到我這裡來。」靜默了好一會，人群中有幾個年輕人站了出來，聚集到了穆薩身後。但大多數以色列人其實根本不知如何看待穆薩的問題，他們不知道穆薩的神與哈倫的神到底有何不同。

穆薩轉身對著站在他身後的年輕人說：「神大大的發怒了，你們各自拿刀，在營中找尋你們認識的弟兄與鄰舍，若有參與製作偶像或是加入狂歡者，就要奉神的命令殺死，使神賜福與你們。」

受穆薩鼓舞的年輕人，隨即將一名又一名的以色列人從人群中拖出。被拖出的男女，無不死命哀求穆薩原諒。然而，求饒也是徒然，被指認者押至焚燒的金牛旁，以利刃刺死，他們的鮮血染遍了整座祭壇。

壇下的以色列百姓全都癱軟在地，他們不敢流淚、不敢妄動、甚至不敢喘氣，唯恐自己被指為拜金牛的人。

那一天，有三千名以色列人被殺。哈倫意外地被放過，但從此神不曾再透過哈倫傳達任何意旨。

VI

金牛事件後，穆薩將他的帳篷改立在以色列人的大營之外，他稱這帳篷為「會幕」。以色列人若要求問神，便要到會幕來請求穆薩。當穆薩由大營回到會幕，百姓必須恭敬地站在各自帳篷的門口，直到穆薩進入會幕。

會幕中只住著穆薩與他的助手約書亞。就連穆薩的妻子西坡拉、大兒子革舜還有小兒子以利以謝，也不得住在會幕之中。

隔了一段時日，穆薩再度向各族長老宣布，他要再上西奈山，為百姓贖罪，重新領受神的律法和誡命。誰也不能與他一同上山，山腳下也不可以有羊群吃草。

穆薩這一去，又是四十個晝夜。但這一次，以色列的大營中再沒有人敢趁機挑戰穆薩的地位。

從西奈山回到大營後，穆薩再度聚集了所有的百姓。

在祭壇上，穆薩展示了從山上帶回地兩塊石版。穆薩向眾人說，石版上面記載著神所賜下的十誡，他將它們稱之為「法版」。

以色列人當時只懂埃及文字，法版上的文字，各支派的長老們都看不懂。站在祭壇遠處的革舜，則是沒有機會看清楚石版。

穆薩說：「看哪，這是神與我們立約的憑據。現在神，那位帶領我們出埃及的神，吩咐我們要按著祂所指示的樣式，為祂造聖幕。有多大的信心，就奉獻多少，神必會紀念在祂的冊上。」

革舜望著壇上聲嘶力竭讚美神的父親，他整個人瀰漫著神聖的吸引力。壇下的百姓因感動而嘶吼，而手舞足蹈，或嚎啕大哭，或捶胸頓足。以色列人紛紛捐出首飾、寶石、金銀器物、香料、毛皮等一切值錢之物。

穆薩令每個支派的長老，招募支派內的各式巧匠。他們按著穆薩從神而來的指示，製作了精細的幕帳、幔子、法櫃、燈臺、香壇、浴盆、門簾、祭司的聖衣、胸牌、外袍、內袍、冕牌，及聖幕所使用的一切器具。

關於聖幕的建築與器具，神的規定極為詳細。住在革舜帳篷隔壁的是位金匠，猶大支派的比撒列，他向革舜透露燈臺的型式如下：

「燈臺兩旁要杈出六個枝子，這旁三個，那旁三個。這旁每枝上有三個杯，形狀像杏花，有球，有花。那旁每枝上也有三個杯，形狀像杏花，有球，有花。從燈臺杈出來的六個枝子，都是如此。燈臺上有四個杯，形狀像杏花，有球，有花。燈臺每兩個枝子以下，有球，與枝子接連一塊。燈臺杈出的六個枝子，都是如此。球和枝子要接連一塊，都是一塊精金鎚出來的。」

革舜聽完描述，心中充滿疑惑。神為何要花那麼大的力氣，規定這些看似繁複又無關緊要的規矩，天地皆為神所造，神何必住在人手所造的聖幕之中。

還是這當中，隱藏了什麼樣的祕密。

VII

西奈山的高度超過兩千公尺，以色列人所駐紮的營地也有超過一千公尺的高度。雖然位處於沙漠之中，冬季的西奈山仍然讓以色列百姓吃足了苦頭，許多人受了風寒。為了打造聖幕，山腳下原本稀少的樹木已遭砍伐殆盡，百姓要走上幾個小時的路程才能找尋到足夠的柴火取暖。

以色列人出埃及地的第二年第一個月，傾所有以色列百姓的能力、物力所打造的聖幕終於完成。穆薩將聖幕獻給神，裝有十誡法版的法櫃被安放在聖幕內。由哈倫與哈倫的兒子披上莊嚴的聖衣，開始在聖幕中執行祭司的職分。

革舜與以利以謝此時在父親穆薩的安排下，娶了與父親同族的利未人女子。兩人因此不再與母親西坡拉同住。令革舜洩氣的是，穆薩並未如同安排哈倫的兒子一般，安排兄弟兩人祭司工作。

革舜心裡悶得慌，想找父親討論自己的未來，卻難以見到父親一面。

一日，西坡拉託人傳話給革舜，說她受了風寒臥病在床，難以起身。請革舜到她的帳篷見她最後一面。

革舜一個人匆匆趕到帳篷，果然見母親虛弱地躺在羊皮上。旁邊坐著一位由穆薩安排負責照料她的利未女孩。

西坡拉嘴裡嚷著口渴，命那女孩打些水來。

見女孩離開帳篷，西坡拉隨即坐起身來。

革舜說：「母親，您快躺下休息吧。您生了病，要不要請父親來為您祝福？」

「我生病是真，但還沒有嚴重到無法坐起來。要不如此說，我就難以見到你的父親。昨晚他已來過，並為我祝福。我已經好幾個月都沒有見過他了。」西坡拉的病容出現一抹狡獪的微笑。

「有了父親的祝福，想必您一定可以很快康復。」革舜說。

西坡拉搖搖頭說：「我現在所惦記的，無非也就是你們兄弟倆。我問你們的父親，對於你們兩人的規畫，他卻只說他已經為你們選擇了好女孩。你們的未來，只能等待神的吩咐。」

「那我也只能繼續等待父親的安排。」革舜一臉失望地說著。

「不，我的孩子，我特別將那監視的女孩支開，為的就是要能單獨與你說話。就算是白癡也可以看得出，你父親已經鬥垮了哈倫，成為這群以色列人唯一的領袖。而未來，他必將他的位置傳給他心愛的助手約書亞。」她語帶氣憤的說。

「如果這是神的選擇，那我們也只能順從。」革舜說。

「我的孩子。對你來說，神告訴你父親什麼，那並不重要。最重要的是，你必須自己遇見神。」

西坡拉握住了革舜的雙手，繼續說：「我自己也是離開米甸地後才明白這一點。自幼，我的父親，也就是你的外祖父，就告訴我，我日後必成為迦南地的王后。我的成長，我的教育，我的婚姻，甚至我養育孩子的方式，都是為了這個偉大的目標。然而，一旦我出現了懷疑，我的世界就崩潰了，我不知該如何走下去，因為我自己從來沒有聽見神告訴我該如何做。」

「那我該如何遇見神？」

「上西奈山吧，孩子。我的生母，西臺皇后蒲杜海琶，因著一顆西奈山的綠松石而得以預知西臺的勝利。你的父親也因為上西奈山而得到神賜的法版。你的身體流著他們的血，我相信你上山也必得遇見神。」

「可是父親已經宣布西奈山為聖地，任何人靠近就要處死。」

「別擔心，這地方太冷。你的父親不會讓他的軍隊凍死在這裡。這群以色列人很快就要啟程。當他們離開後，就是你上山的日子。你要遇見神，明白你生命的計畫，不要再重蹈我的覆轍了。」

西坡拉說畢後便躺下，她的使女正好提了一桶水進來。西坡拉揮揮手示意革舜離開，革舜塞給使女一小塊碎金子，吩咐她好好照顧母親。

離開母親的帳篷後，革舜見到一群以色列人推著一個少年，前往大營之外。少年的手被綑綁，眼被黑布蒙著。

他一問之下，才知道這少年因在安息日撿柴火被抓了起來，穆薩要在大營外治他的罪。革舜好奇地跟著人群走，打算聽聽他的父親如何行判決。

穆薩站在一塊大石上，一臉威嚴地向以色列人說：「這是耶和華所吩咐的話，叫你們照著行。要作工六日，第七日乃為聖日，當向耶和華守為安息聖日，凡這日之內作工的，必把他治死。」

說畢，人群中有人開始大聲喊叫，擁向前去，他們用巴掌大的石塊扔向跪在地上的少年。不多久，這少年便倒臥在地，鮮血染滿了地面。

革舜看了父親的判決，心裡覺得十分害怕，趕忙回到自己的帳篷。

VIII

西坡拉預測成真。治死少年的幾天後，穆薩宣布雲彩已從聖幕升了上去，該是以色列人啟程的時候，神將親自帶領以色人的腳步。

深夜，革舜帶著前一天收拾的幾張餅，跟一張禦寒的羊皮毯子，小心翼翼地避免驚醒他的妻子，離開了帳篷跟以色列人的大營。

攀登西奈山的入口是在一叢荊棘的後方約五十公尺處。父親穆薩告訴以色列人，那是他第一次遇見神的地方，神在燃燒的荊棘中向他顯現。當時穆薩還在為葉忒羅牧羊。

穆薩也許不知道，兩千年後，這荊棘所在之處，將會建立起一座西奈半島最雄偉的建築「聖凱薩琳修道院」（St. Catherine Monastery）。

除了低矮的灌木，西奈山上幾乎沒有任何的樹木。除了石頭，還是石頭。革舜不知道究竟該如何走，只能趁著皎潔的月色不斷往上爬，幾個時辰後，東方天空出現魚肚白的色彩，革舜竟已經爬上西奈山的頂峰了。

在攀爬的過程中，身體並不覺得寒冷，一旦坐在山頂，冷風吹過被汗浸濕的衣服，革舜頓時渾身都因寒冷而抖了起來。他連忙披上包袱裡的羊毛毯，但是還是擋不住寒冷。只好竭力把身體蜷曲起來，減少暴露在冷空氣的面積。

太陽緩緩由東方的雲中升起，金色的陽光落在古老而荒涼的西奈山，也落在疲憊不堪的革舜身上。因著日光，革舜似乎覺得溫暖了許多，他讚美神，並祈求神能出現。

不過，直到日正當中，革舜被陽光曬得意識恍惚，神依舊沒有顯現。

革舜只好起身，尋找晚上可以歇息的地方。他在山頂下方約十公尺處，發現一塊突出的大石，大石下方是一塊可以容納兩個人左右的山洞，可以阻擋烈日或雨水。

革舜拎著包袱，爬到大石下方的山洞。

一進到山洞，他便有個感覺，父親必定曾住過同一個山洞。

並不是因為洞裡遺留了些什麼。而是洞裡的環境實在太乾淨了。除了一層薄薄的塵土，便沒有任何其他東西了。

革舜在洞裡持續禱告，但每天除了呼呼的風聲什麼也聽不到。沒過幾天，水已經喝盡，餅也吃完，他只能藉著清晨舔著凝結在石塊上的露水來取得水分。他將腰間繫住羊毛被的麻繩勒緊，試圖減緩飢渴的痛苦。

神似乎仍沉默不語。

革舜登上西奈山的第三十九天，那天的夜裡特別寒冷。革舜猜想，他或許熬不過這一夜了。在微弱的月光下，突然他發覺一位白衣人出現在他禱告的洞穴，革舜試圖認出他，卻看不清他的臉。

當白衣人靠近因寒冷而瑟縮的革舜，革舜彷彿全身都溫暖了起來。

革舜的心裡沒有一點害怕，他問：「祢是神嗎？」

但白衣人沒有回答，他溫柔地撫摸著革舜的一頭亂髮，輕輕地唱起了歌來。

他依稀記得這歌。這不是米甸人或以色列人的曲調，這是埃及的曲調。

隨著歌聲，他回想起他第一次打到野兔，用的是祖母為他製作的彈弓。祖母讚許他，為他把兔子烤成野味。他捧著剛烤好的野味，興奮地與弟弟、母親、祖父、祖母分享著美味的兔肉，老是抱怨的母親也露出難得的笑容。

他突然驚覺，那父親呢？父親沒有嘗到他的兔肉嗎？

不對，那天正是父親帶他一起去牧羊，所以他才會打到那隻野兔。當他拿著所剩無幾的兔肉，進入父親的帳篷，那天父親難得地摸摸他的小腦袋，將他擁抱在懷中，當時父親所哼的就是這個曲調。

想到這，突然白衣人的歌聲轉為哀悽，革舜的洞穴彷彿被濃厚的黑暗籠罩，除了白衣人的身影，他什麼都看不見。他彷彿聞到一股濃濃的血腥味，那味道就像是金牛前被殺死的三千男女流出血泊所發出的味道。

革舜又問：「父親，是您嗎？」

歌聲停止下來。

沉默許久後，白衣人發出了細微的聲音：「你的父親是神的器皿，神將以色列人歸作祭司的國度，以色列人將成為聖潔的國民。而你的父親為了成為神的器皿，將我遺留在這山上。這不是你該停留的地方，你快回去吧。」

「我該回去哪呢？父親根本不理睬我。」革舜回答。

「回去你出生的地方。要快，不然就來不及了。」

白衣人說完便往洞口移動，革舜連忙起身追了出去，但黑夜裡根本什麼都看不清，他一腳踩空後，身子便跌了下去，滾了好幾丈遠後，額頭撞在一塊石頭上，人便暈了過去。

IX

冬日的陽光下，一雙翅膀綴有白色羽毛的巨大金鵰盤旋在西奈山的山頂，不時發出淒厲的叫聲。

革舜緩緩甦醒了過來，他揉著頭上腫脹的傷口，傷口旁的血漬已經凝結，一揉便化成褐色的碎屑落在地面。

他望著昨夜撞到的石塊，上面仍帶著他的血漬。那血漬沿著石塊表面的凹槽，出現了一排字母。那是他祖父自幼就教會他的字母，他順著字母由右到左的順序認出上面的句子：「除了我以外，你不可有別的神。」

革舜心想，這是父親穆薩所說，神摔碎在西奈山的石版嗎？

革舜試著翻找附近的石塊，陸續拼湊出了，「不可貪戀人的妻子」、「不可殺人」、「不可跪拜偶像」、「不可偷盜」。

尋找刻著字的石塊之際，他發現有個石堆特別高，當他搬開上面的石塊，發現下面有一大疊破碎的莎草紙。

雖然破碎，還是可以看出上面是用埃及文所書寫，就像是父親帳篷裡的那些莎草紙。他翻了幾張莎草紙，看到一排字：「燈臺兩旁要杈出六個枝子，這旁三個，那旁三個。這旁每枝上有三個杯，形狀像杏花，有球，有花。」

這不正是之前那以色列金匠比撒列所告訴他，那聖幕燈臺的樣式。

再找了幾張看來還能辨識的莎草紙，有張上面記載：「要取流質的沒藥五百舍客勒，香肉桂二百五十舍客勒，菖蒲二百五十舍客勒，桂皮五百舍客勒，橄欖油一欣。按作香之法，調和作成聖膏油。」

看來父親穆薩為祖父牧羊四十年的期間，就不斷構思著如何打造神的聖幕。為了帶領以色列人認識他的神，他已經預備了四十年。

革舜找出懷中的燧石，生了火，將那一疊莎草紙燒盡。火焰的熱氣，將燃燒中的莎草紙高高捲向藍色的天空。

他將那塊「除了我以外，你不可有別的神。」的石塊放入懷中，其餘石塊上任何可以辨識的字母都仔細磨除，或砸得粉碎。

做完這一切，便下了山。

山腳下，以色列人的大營與聖幕早已經離開。別無他法，革舜只得步行回去他的故鄉。往東方的路途上，革舜經過了一個富有的米甸村落「蘇珥」（Zur）。他吃驚地發現，蘇珥王的帳篷上以鮮血寫著：「以色列人要在米甸人身上報仇，因米甸人犯拜偶像與姦淫的罪。」

到處都是屍體。有男人、有嬰孩、有老人，唯獨不見年輕女子的屍首，想必是同牲畜被一起擄走。寒冷的北風夾雜著令人作嘔的屍臭，逼得革舜只能趕緊離開。

之後幾天，他經過其他幾座富裕的米甸村落，像是「以未」、「利金」、「戶珥」。每一座村落都遭受了徹底的洗劫，所有的牲畜與處女都被擄走，其餘的村民沒有一人活命。

革舜加緊腳步趕回祖父的村落，但抵達時已經見不到祖父。村裡的帳篷全被拆除，沒有見到屍首，但也沒有見到任何一個人。

走到埋葬祖母的橡樹下，發現兒時祖母為他做的小彈弓被掛在樹上。他猜想，這也許是祖父所留下的記號。

革舜掘出橡樹下祖母的遺骨，連著西奈山取下的石塊一同包在包袱中。

革舜已經不打算回到以色列人的大營中。他獨自朝北方前進。他要帶著祖母回到她的故鄉，那座終年積雪，形狀猶如金字塔的完美聖山，山頂還有一艘大船。

住宿便利貼：

Desert Fox Camp

當地最為經濟的住宿選擇，可以選擇有營火的帳篷，或是三～五張床的房間。每人約三十埃及里拉。打算到西奈山看日出的客人，旅館主人清晨兩點會有 Morning Call。

Website: www.desertfoxcamp.com/

交通便利貼：

由西奈半島的觀光大城 Sharm El Sheikh Dahab 出發，搭巴士前往東邊的 Dahab（每人約二十二埃及里拉）。

由 Dahab 的巴士站搭計程車前往西奈山山腳下的 Desert Fox Camp（一部車五十埃及里拉）。

Chapter 3
亞拉臘山

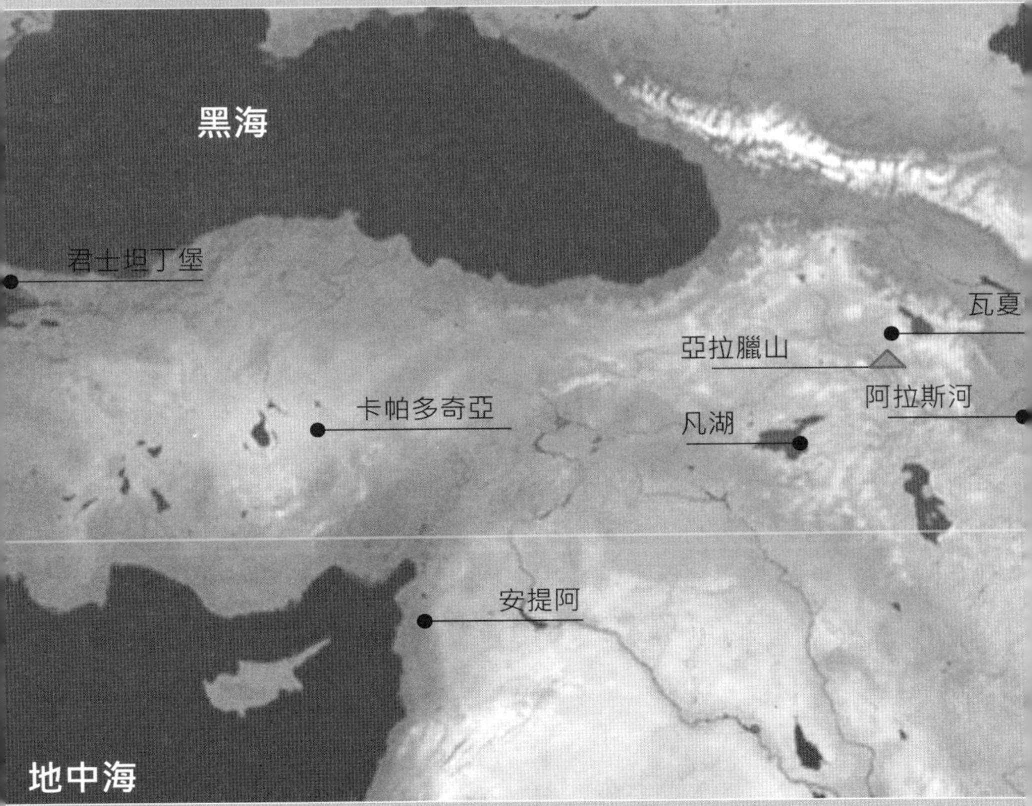

亞拉臘山：

亞拉臘山與日本富士山一樣屬於成層火山（Stratovolcano），此種安山岩質火山的熔岩黏滯性較高，噴發後形成優美對稱的錐形。

亞拉臘山是舊約聖經中諾亞方舟的停泊點。海拔五一六五公尺的亞拉臘山是土耳其的第一高山，也或許是舊約世界的人們所知道的世界第一高峰。因此舊約才會選擇讓諾亞的方舟停靠在亞拉臘山，換成今日的末日電影《二〇一二》，方舟就改停到喜馬拉雅山了。

亞拉臘山是亞美尼亞人的聖山，西元兩千一百年前。亞美尼亞人的祖先Hayk在亞拉臘山山腳下建立第一個亞美尼亞城邦。

我很喜歡Dogubeyazit這座庫德城市。在那裡，隨時都可以看到亞拉臘山。

I

她的名字是庫斯勞都忒（Khosroviduk ht），這是個亞美尼亞名字，意思是庫斯勞的女兒。如果她的父母能夠活得久些，也許會稱呼她為「都忒」才是。

庫斯勞家族原是安息國貴族的一支，兩百年前從東方的波斯遷徙而來，統治著東起裡海，西到卡帕多奇亞（Cappadocia）的亞美尼亞王國。

西元二二七年，阿爾達希爾一世（Ardashir I）擊敗了安息最後一代國王，在波斯建立了史稱薩珊王朝（Sassanian）的新帝國。阿爾達希爾家族宣稱擁有古代伊朗阿契美尼德王朝的血統，誓言要回復古代波斯的疆域，其中包括了亞美尼亞。

西元二五二年是亞美尼亞歷史上悲劇性的一年。庫斯勞二世成為新一任的亞美尼亞國王。同一年女兒都忒出生，成為庫斯勞二世的第二個孩子。

也在同一年，波斯薩珊國王以亞美尼亞王位為誘餌，誘使亞美尼亞貴族阿納克（Anak）發動政變，謀殺了庫斯勞二世夫婦。

阿納克的野心並未讓他如願奪得王位，擁護庫斯勞二世的亞美尼亞軍隊進入首都瓦夏巴特（Vagharshapat），並隨後擊敗阿納克的部隊。阿納克倉促帶著全家往波斯遁逃，但在高加索的阿拉斯河（Aras River）被亞美尼亞軍隊追趕上。絕望的阿納克躍入湍急的阿拉斯河後溺斃，他的家族遭到復仇式的屠戮，唯有阿納克的兒子格列高利逃過一劫。

國王庫斯勞二世遭到謀殺，繼任的王子提達斯三世只有兩歲大，亞美尼亞王國內一片混亂。薩珊國王沙普爾一世趁機派兵入侵，大批亞美尼亞平民與貴族逃往西方的羅馬避難。

年幼的提達斯三世，有幸得到年邁的羅馬皇帝瓦列里安（Valerianus）庇護，在亞美尼亞大臣護衛下，被送到三千公里外的首都羅馬，得到與羅馬貴族相同的良好教育與栽培。

都忒的命運與哥哥不同。混亂中，她被一名年輕的亞美尼亞軍官奧塔（Awtay）所救，奧塔與她的妻子將襁褓中的都忒帶至卡帕多奇亞扶養長大。

羅馬皇帝瓦列里安不願坐視東方薩珊王朝的坐大。亞美尼亞亡國後的第七年，西元二五九年，瓦列里安親自率羅馬精兵七萬東征波斯。薩珊國王沙普爾一世也披上戰袍迎戰。

兩國正面對決的結果是羅馬慘敗。

包括羅馬皇帝在內的羅馬軍隊全數成為波斯人的俘虜。遭解除武裝的羅馬軍團被送至中亞的沙漠修築水壩，被俘擄的羅馬皇帝則被迫遊街示眾，死後還被剝皮做成標本，放在波斯祆教的神廟裡讓波斯民眾嘲弄。

II

都忒成長的羅馬卡帕多奇亞地區，在遠古時代曾遭火山灰淹沒，鬆軟的火山岩經風化後形成石林、仙人煙囪等各種怪異的地形。卡帕多奇亞人不用木頭或磚瓦蓋房，平時就居住在挖空的岩壁山洞之中。火山岩山洞住來冬暖夏涼，也適合用來儲存當地釀造的葡萄酒。

除了平時居住的山洞，當地的居民也利用特殊的地理環境，鑿出深入地底數層的地下城市。要是有敵人打算攻擊卡帕多奇亞，當地的居民便集體遁入地下城市中。複雜的地下通道、通氣孔、深水井，足以讓居民躲藏數個月。

都忒成長的羅馬時代，基督徒的比例尚少，還不超過帝國人口的百分之五。但基督徒卻遭受帝國最無情的鎮壓。包括，把基督徒送去競技場餵獅子，或活生生以鋸子剖開頭顱。卡帕多奇亞的地下城，正好成了受迫害的基督徒絕佳的避難所。

自小，都忒便遇見過許多基督教的傳教士、修士、修女、隱士。這些基督徒在地下城的某些區域刻上了神祕的十字符號，並在其中進行儀式。充滿好奇心的都忒會偷偷地溜到基督徒聚會的洞穴，聽傳教士指著牆上描繪耶穌受難的濕壁畫，傳講耶穌基督是神的兒子。

奧塔為了嚇唬都忒，編造基督徒在聖餐禮拜中會生飲小孩子鮮血的謊言，要她盡量遠離那些基督徒。

對奧塔來說，亞美尼亞人不需要認識其他的神，亞美尼亞人早已經認識唯一的真神「阿胡拉・馬茲達」。一千年前，偉大的先知瑣羅亞斯德已將光明之神的經典《阿維斯陀》傳給亞美尼亞人的祖先。

一年秋天，正當葡萄開始成熟的時節，一個流浪到村莊裡的年輕教士引起了都忒的注意。他的年紀大約與她相仿，身材高大，消瘦的臉龐配著一個醒目的鷹勾鼻，在彌撒的過程中擔任助手。

他帶領祈禱時，那帶著亞美尼亞口音的第一句「仁慈的主哪！」，以及他臉上那泫然欲泣的神情，都深深烙印在都忒的心中。

這是第一次都忒遇見信奉耶穌的亞美尼亞人。

自年輕教士出現的那一天起，都忒更加千方百計地找機會溜到基督徒聚會的山洞。她注意到，那位年輕的教士總拿者一本羊皮裝訂成的小冊子，一有空閒的時間，便拿著冊子躲到人少的角落背誦。

一天，年輕教士又坐在角落，都忒鼓起勇氣走上前去。

「你看的是什麼書？」

聽見年輕女孩的問題，年輕教士顯得有點不知所措。

「這是使徒保羅所寫的《羅馬書》。」年輕教士漲紅著臉回答。

「你是亞美尼亞人吧。你怎麼會信了猶太人的教呢？」都忒好奇地問。

「這福音本是神的大能，要救一切相信的，不是只有猶太人。」年輕教士說。

「我們亞美尼亞人，不是已經有了偉大先知瑣羅亞斯德與唯一的真神阿胡拉·馬茲達？你何苦成為被羅馬人藐視的基督徒。」都忒繼續問。

「侵占我們土地的波斯阿爾達希爾家族，世代皆是阿胡拉·馬茲達的祭司。這些腐朽的祭司，憑著自己的慾望行污穢的事，要我如何相信他們信奉的是掌管一切的真神？」年輕教士搖著頭說。

「那你如何知道耶穌基督是真神？」都忒問。

「盡心盡性尋求祂的時候，就必尋見。」

「你的父母呢？他們也跟你一樣相信耶穌嗎？」都忒追著問。

「他們在我出生不久後，就都被殺死了。」

都忒露出同病相憐的眼神。

「原來你跟我一樣不幸。我恨透了那當年殺害我父王的阿納克，他是不可饒恕的惡徒、騙子、懦夫、叛徒。若不是他謀害了我的父親，我們亞美尼亞人的土地也不會落到波斯人的手上。求你向你的神詛咒他們，滅盡阿納克的族人，滅盡波斯人，早日帶領我們回到故鄉。」都忒拉著與她有相同悲慘命運的年輕教士說。

「神是饒恕人的神。願神幫助我們放下心中的苦毒。」年輕教士低著頭，漲紅著臉，說完這話後，便起身離開都忒。

往後幾天，年輕的教士總遠遠地躲著都忒。當這一群傳教士離開了都忒所在的村莊後，都忒便未曾再見過他。

III

儘管都忒身處帝國東方邊境的卡帕多奇亞地區，偶爾還是會有哥哥提達斯三世的消息由羅馬首都傳來。

據說，提達斯三世的體力與搏鬥技巧無人能及。能徒手扭斷公牛的脖子，還曾英勇地隻身護衛羅馬皇帝，抵擋叛亂的軍隊攻擊皇帝的營帳，因而博得羅馬皇帝的信任。

對都忒以及所有移居在羅馬帝國境內的亞美尼亞人來說，提達斯三世就是他們的盼望，能帶領他們回到故鄉的救世主。

終於，長久的盼望在都忒三十五歲那年實現。

西元二八四年，出身克羅埃西亞農奴之子的戴克里先登基成為羅馬皇帝。

自羅馬皇帝瓦列里安遭到波斯人俘虜，羅馬帝國陷入了長達十五年的動盪。直到戴克里先繼位，大力改革羅馬的政治與軍事制度，羅馬的局勢才得以穩定下來。

戴克里先為提達斯三世提供了羅馬的軍隊，幫助他趕走了占據亞美尼亞土地的波斯薩珊軍隊。歷經了三十五年，這位寄居異地的國王終於能夠重新回到亞美尼亞的首都瓦夏巴特。他的第一道命令，便是鼓勵四散各地的亞美尼亞人重新回到故鄉。

都忒的養父奧塔確認了這個消息後，聚集了鄰近村落所有的亞美尼亞人。就像三十五年前他指揮亞美尼亞軍隊一樣，奧塔指揮村民們將所有可以移動的財產搬上驢車，將年輕力壯的男子編成隊伍，帶著兵器行在前頭，一路上護衛婦孺與財物。

離開卡帕多奇亞，奧塔帶領這一大群亞美尼亞人往東走了三個月，來到了一座寬闊得像海一般的湖。奧塔告訴都忒，這座湖就是凡湖 (Van Lake)。

自幼都忒已經聽過無數次凡湖的名字。在亞美尼亞的神話中，亞美尼亞人半人半神的祖先海伊克 (Hayk)，就是在凡湖東南方擊敗了強大的巴比倫人，隨後在亞拉臘山的山腳下建立了亞美尼亞的第一座城邦。

這時正是春天的季節，凡湖的空氣還帶著些許冷冽，湖畔的草原吸飽了融化的雪水而一片綠意盎然，綠意中還點綴著數不清的白色、粉紅色、紫色野花。都忒嘗了一口湖水，發現水的味道並不甘美，而是略帶著鹹味。湖中除了數不盡的烏魚外，沒有看見任何其他的魚類。

都忒望向湖東方一座積著白雪的高山，她覺得那山的形態甚美，便問奧塔：「那就是亞拉臘山？」

奧塔回答：「從凡湖是看不到亞拉臘山的。妳別心急，就快要到了，到時候妳一定一眼就可以認出亞拉臘山。」

離開凡湖的第三天，這一群亞美尼亞人繼續沿著融雪後的泥濘山路朝東北方前進。走在隊伍前的男子衛隊繞過一座山頭後，突然停了下來。隨後的人群只要是繞過了彎，也同樣停下了腳步。後方運送物資的隊伍無法前進，又不知道前方發生了什麼事，急得不斷引頸張望，甚至破口大罵。

奧塔與都忒於是騎著馬，到隊伍前方一探究竟。

繞過了彎，都忒眼前突然出現一座擁有完美錐形的大山，那山以壓倒性的氣勢，矗立在東方的地平線上。藍天下，一片絲綢般的波浪狀白雲就罩在山頂終年不化的冰川之上。

都忒這時相信了，亞美尼亞人的確一眼就可以認出他們永遠的根源，他們不死的母親——亞拉臘山。

回頭，都忒看到她的養父奧塔眼中噙著淚水，命令隊伍繼續前進。亞美尼亞的首都瓦夏巴特就在亞拉臘山的另一頭了。

IV

與羅馬人規畫完整的城市相比，瓦夏巴特這座亞美尼亞首都顯得有些寒酸。走入城門的那一刻，都忒還能聞到一股燒焦的氣味，那是薩珊軍隊撤退前，蓄意地焚毀城內建築所留下的氣味。

之前奧塔已經安排信差通知國王提達斯三世，因此奧塔與都忒很快便獲得安排，得以入宮覲見國王提達斯三世。

兄妹的第一次相會讓都忒十分緊張。她的兄長身形高大，手臂的肌肉比杉木還粗，與人說話不但聲音宏亮如鐘，還會用一雙銳利的眼神注視著對方。但最讓都忒意外的是他那經過仔細修整的鬍子，讓他看起來彷彿是個羅馬將軍，而不像慣於留著一撮大絡腮鬍的亞美尼亞人。

奧塔因帶領卡帕多奇亞的亞美尼亞人平安歸來，以及多年照顧扶養公主有功，提達斯三世特別授予奧塔大將軍的職位。

公主都忒則獲得了首都瓦夏巴特北方的一塊領地，並由來自羅馬的工匠，在當地建築了一棟羅馬式的行宮。

都忒不喜歡那座充斥希臘羅馬式廊柱與雕刻的宮殿。大部分的時間，她還是留在瓦夏巴特，協助安置由各地歸來的亞美尼亞人。

提達斯三世記取了他父親慘遭阿納克謀害的教訓，加上長年寄人籬下的成長經歷，使他不相信任何人。首都內有為數眾多的密探，隨時為他刺探臣子與百姓的消息。

提達斯三世的探子打探的對像包括：薩珊統治時代在火廟擔任神職的祆教徒，曾經在薩珊統治下任公職的亞美尼亞人，無法交代過去行蹤的亞美尼亞貴族，以及基督徒。

成長於羅馬，提達斯三世見過太多從容赴死的基督徒。這些基督徒拒絕入伍保衛國家，也拒絕向羅馬皇帝的雕像獻祭，動不動就嚷著要隨耶穌的腳步殉教。

提達斯三世認為，這些基督徒對宗教的狂熱真是愚蠢至極，因而對他們特別憎惡，決不願他的子民被基督教信仰所污染。

一天，都忒收到了來自國王提達斯三世的通知。他要在王宮親自審訊一個罪大惡極的基督徒，並請都忒一同列席。

進入宮中，都忒見到一個赤裸著上身的男子伏倒在地上，他的身材高大，但身上滿是鞭傷，鮮紅的傷口顯示他不久前才遭受到無情地對待。

國王命令兩旁士兵由腋下架起這基督徒，好讓他能跪在地上，聆聽他的審判。

當都忒見到地上男子消瘦的臉龐，與那醒目的鷹勾鼻，她隨即認出這男子。當年那個手上老拿著聖經《羅馬書》的亞美尼亞人。

「說出你的姓名，從哪裡來，哪一國的人，以何事為業。」國王問。

「我叫格列高利，亞美尼亞人，一年前才由羅馬的卡帕多奇亞地區回到瓦夏巴特。我以傳遞神的福音為我畢生的事業。」

「你不像農人般耕地，不像獵人般打獵，不像牧人般牧養牲畜，也不像商人一樣進行買賣。你的生活所需從何而來？」國王接著問。

「我按著我主耶穌基督的榜樣而活，我為百姓治病、趕鬼。神的恩典使我不虞匱乏。」格列高利以不卑不亢的語調說。

此時國王卻突然狠狠一掌拍在桌上，巨大的聲響迴盪在大殿中，讓在一旁的都忒也嚇了一跳。

「你這狡詐的騙徒，當真是世界上的污穢、萬物中的渣滓，就像你的父親一般地滿口狡詐。讓我來揭開你面具下醜陋的真面目。」

國王起身走到格列高利面前說：「你是阿納克的兒子吧。三十八年前，你的父親以詭詐的方式，取得我父王的信任，最後卻慘忍地謀殺了他。我和我的妹妹雖僥倖逃過一劫，卻落得無父無母，流落異國的境地。波斯人也藉機入侵我們的家園。無論是逃離到羅馬的亞美尼亞人，或是留在家鄉遭受奴役的百姓，莫不遭受巨大的苦難。這一切全是你那萬惡的父親所造成，而你今日竟敢帶著虛假的信仰，再度回到這片被你父親糟蹋的土地。」

格列高利的神情並沒有因國王的控訴而有所改變。他緩緩的說：「是的，阿納克正是我的父親。當我在襁褓之中，我的母親抱著我投水自盡，但我卻被一隱士所救，他自稱耶穌的門徒約翰，並擁有不死的生命。他把我託付給了我的養父，讓我在羅馬的卡帕多奇亞長大，並帶領我走上福音的道路。」

「騙子。」國王惡狠狠地回了一句，但並未阻止格列高利繼續往下說。

「我思索我族悲慘的命運，實在是源自於波斯與羅馬兩大國的操弄，隨時有被這兩國瓜分的危機。唯有讓基督的國降臨於亞美尼亞，才能擺脫羅馬與波斯這兩大國的挾制。為了傳遞神的福音，被人咒罵，我就祝福；被人逼迫，我就忍受；被人毀謗，我就善勸。只求神的福音能夠流傳。」

此時，夏日西斜的夕陽穿過窗戶，照著跪在座前的格列高利身上。都忒見到格列高利的兩眼如炬，臉上發著光芒。

突然，她有一種強烈的感覺襲來，她內心的深處有個堅硬的部分逐漸變得柔軟了，讓她有種想要哭泣的感覺。頭腦裡有個聲音告訴她，格列高利的出現必有著至高者的意旨，她不能讓他現在就被處決。

她起身向國王說：「這滿口虛假的惡徒，讓他痛快地受斬，簡直是寬待了他。況且，這些基督徒向來以殉教為榮耀，公開處決反而是他求之不得的獎賞。」

「那麼妳有什麼建議呢？」國王問。

跪在地上的格列高利這時也露出詫異的眼神望向都忒。

「在亞拉臘山山腳下的阿塔莎特城（Artashat）城郊，有一處千百年來無人敢靠近的洞穴。那洞穴的深度無人能夠丈量，且洞穴的周圍滿是毒蛇。倒不如把這惡人丟入山洞餵蛇，免教他的血污染了聖潔的土地，也免得有其他基督徒去找尋他的屍首。」

國王提達斯三世點點頭表示贊同。隨即宣讀判決，並由都忒的養父奧塔執行命令。

V

都忒是如何想起阿塔莎特城郊的這個山洞，她自已也說不上來。

傳說在一千多年前，有個南方沙漠而來的隱士居住在阿塔莎特城郊的山洞中，這隱士善於弄蛇，他刻意聚集大批的蛇群於他修行的山洞，以阻擋附近的農民向他求神問卜。千年後，雖然人們不再聽到隱士的消息，但洞穴四周的蛇群卻不曾減少。

審判發生的一個月前，一群來自埃及亞力山卓港的女性修士來到亞美尼亞，當中的修女長，請求管理亞美尼亞回歸者的都忒，賣給她們一塊偏僻的土地，好讓她們前往開墾。她們請求的土地，正是亞拉臘山山腳下的這塊群蛇之地。

雖然她們口裡不說，但都忒清楚知道她們是一群基督徒。為了避免她們遭到首都內國王密探的告發，都忒迅速同意她們前往那一塊山腳下的荒地開墾。

這為數三十五名的修女都圍著遮蓋頭髮的頭巾。這一點並不特別，大多數信奉祆教的亞美尼亞婦女也包覆頭巾。都忒特別注意到，當中一名個頭特別高䠷的女子，卻以面紗將整張臉蛋覆蓋住。

負責登記的官員，要求該名女子把遮住臉孔的頭巾取下。修女長連忙解釋，該女子身染怪病，不能見到陽光。她以性命保證，該女子絕無問題，是與她們一同修行的女修士。

官員不願放棄，便要求將該女子帶到暗室確認。修女長面露驚慌，望向都忒，說：「我這女弟子的怪病，絕不能接觸男子氣息，一接觸就有生命危險。如果一定要她脫下頭巾與面紗，那麼可否請這位尊貴的女性大人來檢查。」

都忒同意了。她與修女長及蒙面的修女進入一間沒有窗戶的房間，而這時修女長坦白告訴都忒，這名蒙面修女所生的怪病其實就是「美麗」。

昏暗的燭光下，女子緩緩拿下面紗。都忒望向她，隨即倒抽了一口氣。這女子的容貌讓房內的空氣都為之改變，那臉龐壓倒性地完美，連同為女性的都忒都覺得心裡有個地方糾結了起來。

修女長向都忒解釋，自幼，這女孩的美貌，便引起了太多的覬覦。然而她又一心向神，不願委身於任何男子。她們已經旅行過許多地方，每次只要她的面容被人所見，就必然引起巨大的騷動，逼得她們必須逃離該處。最後，只好以面紗包覆她的面貌。

當國王判決將格列高利扔進山洞後，都忒動身前往造訪在附近搭建農舍的修女們。都忒請求修女長，派人每日將一塊烤餅拋進山洞裡。

修女長對於格列高利的不幸遭遇十分同情，即使她不太相信任何人被扔進那滿是毒蛇的深洞後，還能有機會存活。但修女長無法拒絕幫助一個受難的基督徒。

那蒙面的修女，都忒這時知道她的名字叫作荷利希美（Hripsime）。因為附近的村民很少與她們接觸，此時她已無須戴上面紗。荷利希美告訴都忒，她相信亞美尼亞人是蒙福的，因為亞拉臘山讓她彷彿看見神屋宇的形象。她說這話時，都忒定睛看她，見她的面貌，好像天使的面貌。

VI

國王提達斯三世登基的第三年，一封來自羅馬皇帝戴克里先的親筆信突然送抵瓦夏巴特。

提達斯三世視戴克里先為亞美尼亞最重要的盟友，也把戴克里先改革羅馬政治制度的經驗視為施政的典範。然而這封信的內容卻讓他感到疑惑。

信上提到一位宛如女神維納斯的羅馬女子，原本即將進入戴克里先的宮中，成為羅馬皇帝的妃子。但該女子卻受到基督教徒的蠱惑，與一群修女一同逃往埃及的亞力山卓港，之後又輾轉逃往亞美尼亞。

戴克里先要求提達斯三世將該女子送回羅馬，若她依舊不從，則提達斯三世可以自行處置她。信的最後提到，該女子的姓名為荷利希美。

國王的密探沒有花太多的功夫，便找到定居於阿塔莎特城郊的這一群修女。連同修女長與荷利希美在內，一共三十四名修女被押往首都瓦夏巴特受審。只有一名最年輕的修女尼諾，她因為負責到蛇洞拋投烤餅，因而僥倖逃過密探的緝拿。

既然是羅馬皇帝的請託，提達斯三世慎重地親自到獄中探視荷利希美。然而第一次的會面，便讓國王的心感受到從未有的震撼。事實上，無論是執行逮捕行動的密探，或是看守監獄的獄卒，任何有幸窺見到她容貌的男子，都會感受到那股劇烈的震盪，彷彿她周遭的世界，都是為她而存在。男人的心神，無可救藥地被她所牽引。

荷利希美堅決地告訴提達斯三世，她已經將此生奉獻給了主耶穌，她無法委身任何世間的男子，即便對象是羅馬皇帝。

荷利希美的拒絕讓提達斯三世有了複雜的感覺。既然羅馬皇帝戴克里先已經同意，他可以自行處置荷利希美，他開始想著如何得能夠得到她。他雖然早已經有了妻子，但此刻荷利希美已經完全占滿他的心思。

國王商請妹妹都忒，到獄中說服荷利希美。另一方面，他也下令密探們準備對付基督徒的恐怖刑具，企圖逼迫荷利希美就範。

都忒喜歡這些修女，她們的態度謙恭，她們的生活簡樸。都忒不願她們枉送性命。她試圖說服荷利希美下嫁國王，好以挽救她們的性命。

入監探望時，都忒挽著荷利希美纖細的手，而荷利希美以那對清澈的眼望著她，「尊貴的公主哪，我感謝您在我們逃出埃及之際，收留我們於亞拉臘山的山腳下。但恕我冒昧請教您，您與貴國的國王相信神嗎？」

「當然，早在一千年前，偉大的先知瑣羅亞斯德已將光明之神的教誨傳給我們亞美尼亞人的祖先。」都忒回答。

「那你們的神會為你們而身受諸苦，贖人的罪嗎？」荷利希美繼續問。

「我不能理會妳的問題。神乃清淨、光明、智慧、全能萬有的主，為何需要身受諸苦？」都忒不解地說。

「他本有神的形象，不以自己與神同等為強奪的；反倒虛己，取了奴僕的形象，成為人的樣式；他為我們的過犯受害，為我們的罪孽壓傷。因他受的刑罰我們得平安。因他受的鞭傷我們得醫治。」荷利希美溫柔地念出經文。

「我希望妳珍惜妳的性命，當今的國王是我的兄長，若不是他的英明神武，今日的亞美尼亞還在波斯的統治下。他過去雖追捕基督徒，但若妳成為王后，相信也能改善亞美尼亞境內基督徒的境遇。」都忒仍舊不願放棄。

荷利希美堅定地告訴都忒：「我並非逞英雄，也並非不畏懼死亡。只是時時懷抱著在天國與主見面的盼望。我相信這至暫至輕的苦楚，必成就永遠的榮耀。」

都忒憐憫這美麗的女子，但她改變不了荷利希美的想法。

都忒轉而問荷利希美，是否有任何她可以幫得上忙的地方，她微笑地告訴都忒：「願妳能認識我主耶穌基督。」

VII

一週後，荷利希美在內的這三十四位修女，被送到王宮地底下的行刑室。當晚天空雷聲大作，第二天，人們一早便發現，亞拉臘山的山頂降下了紅色的雪。

都忒沒有見到當時的慘劇，但據宮中僕役之間流傳的消息，國王為了逼迫荷利希美就範，首先對修女長用刑。密探拔去她的舌頭，挖出她的雙目，並將她塞入燒紅的中空銅牛內，活生生炮烙至死。

然而，荷利希美與其餘的修女只是不住禱告。面對施刑者，她們不願意滴下一滴眼淚。她們當中有些人，甚至露出愉快的表情，藉以羞辱那些施刑的密探。

當密探以同樣方式，繼續殺害兩名修女後，荷利希美對著其餘的修女說：「姐妹們，我聽見神的聲音了。祂說：『孩子們，要堅強，不要畏懼死亡。因為它將領你進到真正的生命去。』」

國王聽見後，忍不住咆嘯起來。他拿起長劍刺入荷利希美的腹中。隨後下令將荷利希美的屍首剁成肉塊，再拋到林間讓野狗啃食。

其餘的修女全遭到斬首，行刑室中的鮮血淹到了腳踝，牆上盡是鮮血噴灑的痕跡。那血的氣味，瀰漫了整座宮殿，歷時數週，都無法消散。

荷利希美殉道後，首都瓦夏巴特附近的農家陸續發生怪事，他們畜養的雞、羊在夜裡被咬死，但那咬痕並非狼或野狗的咬痕。直到農家設下陷阱，才赫然發現所抓到的兇手竟是人類。一個已經陷入瘋狂的人，身上的衣服破爛不堪，眼球充滿血絲，不會說話，只會發出野獸般的咆嘯。

農人將這野獸般的人綑綁起來，送到官府。這才發現，被野獸附身的不只一個人。他們全都是國王的密探，全都參與了那一夜殘酷的屠殺。

國王自那一夜後，也不曾出現在公開場合。許多流言在瓦夏巴特城內流傳。有人宣稱在森林裡見到國王像一隻巨熊般奔跑。也有僕役說，夜裡見到國王提著刀，赤裸著身子在宮內遊蕩。

都忒清楚知道，這些傳言都是事實。國王必然是被某種惡靈所附身。然而，祆教祭司們對於國王身上的惡鬼，顯然是束手無策。

經過與幾個大臣商量後，都忒與奧塔決定對外封鎖一切的消息。因為根據信差傳來的消息，波斯新王納爾斯（Narseh）的軍隊正蠢蠢欲動，隨時準備對羅馬與亞美尼亞發動進攻。

VIII

西元二九六年，波斯國王納爾斯親率大軍北上，攻入屬於羅馬領土的美索不達米亞平原北部。羅馬皇帝戴克里先急忙命令軍隊後撤到位於敘利亞的大城安提阿，並調來原本駐守多瑙河防線的副帝迦雷留斯（Galerius），抵抗波斯的猛烈攻勢。

戴克里先同時派遣特使到亞美尼亞，要求提達斯三世出兵加入迦雷留斯的羅馬軍團。羅馬的使節由大將軍奧塔接見，提達斯三世缺席的理由則以身體不適搪塞過去。

羅馬特使離開瓦夏巴特幾天後，波斯的大軍便已兵臨城下。都忒命衛兵綁住發狂的國王送上馬車，與養父奧塔率領的騎兵部隊趁著黑夜奔逃出城，前往南方幼發拉底河畔，由迦雷留斯所駐守的卡利尼古姆城。

幼發拉底河岸是一望無際的平坦沙地，有風的日子裡，捲起的滾滾黃沙足以遮蔽正日的太陽。無論是亞美尼亞騎兵，或是迦雷留斯所率領的多瑙河軍團，完全不擅長在這樣的地形下作戰。經過與波斯軍隊幾回合的對陣，羅馬與亞美尼亞聯軍漸露疲態，最後羅馬副帝迦雷留斯只能放棄卡利尼古姆城，將軍隊撤往羅馬皇帝所在的大本營安提阿。

在安提阿，都忒第一次見到了羅馬皇帝戴克里先，一個看來精力充沛的五十歲男子，正值人生智慧與精力的巔峰。

羅馬皇帝親自詢問都忒關於提達斯三世的病情，並安排御醫為他診治。診斷後的結論仍是，提達斯三世被某種惡魔附身而成為野獸，沒有一位羅馬醫生或祭師能夠為他趕出體內的魔鬼。

都忒沒有告訴戴克里先與其他人。自從離開亞美尼亞之後，她每一夜都夢見同一個景象。午夜的月光照在亞拉臘山終年不化的積雪上，映照出神祕的銀色光芒。山腳下的洞穴裡，住著格列高利。他沒有死，月光下泫然欲泣的神情依舊，只是身形變得更為消瘦。

每當她夢見格列高利，總會同時出現荷利希美溫柔的聲音：「他為我們的過犯受害，為我們的罪孽壓傷。因他受的刑罰我們得平安。因他受的鞭傷我們得醫治。」

IX

對於還不到四十歲的年輕羅馬副帝迦雷留斯，這場戰役讓他嘗到人生首度的重大挫敗。他在戴克里先面前謙卑地自請處分，而羅馬皇帝只是要他記取教訓，並積極準備反攻。

波斯入侵的第二年，與亞美尼亞的大將軍奧塔商討後，迦雷留斯決定改變戰術。他要將波斯的主力部隊誘離波斯人熟悉的沙漠地帶，把對決的主戰場設在地勢崎嶇的亞美尼亞。複雜的地形對於熟悉該地區的亞美尼亞騎兵與來自多瑙河地區的羅馬軍團都大為有利。

前一年打了勝仗的波斯國王納爾斯，因輕敵而沒有看出敵人的計謀。波斯的大軍逐漸被誘入亞美尼亞地區。

此時，迦雷留斯又增加了新的戰術。他以北方哥德人常用來對付羅馬部隊的夜襲，對付沒有夜間戰鬥經驗的波斯士兵。這模仿自蠻族的夜襲戰術，成為了這場戰役最後致勝的關鍵。

深夜裡，在羅馬精銳騎兵的襲擊下，波斯的軍營陷入一片火海，波斯士兵互相踩踏致死的，比被敵人殺死的還多。國王納爾斯身受重傷，在護衛的協助下倉皇逃離戰場。群龍無首下，波斯大軍全線崩潰，國王隨軍的妻妾也全數遭到俘虜。

逃回波斯的納爾斯國王隨即派遣特使向羅馬皇帝求和，當年羅馬皇帝瓦列里安被俘受辱的恥辱，終於在迦雷留斯的勝利中得到洗刷。

波斯國王接受了戴克里先嚴酷的議和條件。包括接受亞美尼亞成為羅馬的附庸國，以及割讓底格里斯河以東的疆域予羅馬。

然而，對於都忒與她的養父奧塔這一群再度流亡的亞美尼亞人來說，與羅馬軍團一同擊潰波斯人的喜悅並沒有持續太久。

戴克里先將一大塊亞美尼亞的西部疆域畫入羅馬版圖，而提達斯三世的心神仍舊像頭嗜血野獸。羅馬皇帝戴克里先隨時可以改立任何效忠於他的亞美尼亞貴族，甚至於直接把整個亞美尼亞納為羅馬帝國的行省。

X

告別羅馬皇帝後，都忒隨著提達斯三世的護衛隊與奧塔的騎兵隊在底格里斯河河岸會合。他們打算儘早趕回首都，以確保政權不會發生變化。

一行人接近亞拉臘山山腳下的阿塔莎特城之際，天空突然下起傾盆大雨，連僅在數里之外的亞拉臘山都看不見。由於山路泥濘不堪，加上天色已暗，奧塔便下令隊伍在林間紮營。

都忒隨即認出這紮營的地方，正離格列高利被囚禁的洞穴不遠。她鼓起勇氣請求奧塔，與她一起前去探究格列高利是否還活著。

奧塔認為這個想法實在荒謬。格列高利當年要沒有活活摔死，也該被毒蛇咬死，或活活餓死。然而奧塔自小就特別疼愛都忒，拗不過她的苦苦哀求，也只有勉強同意。

一大清早，東方升起的朝陽將亞拉臘山映照得有如一座金字塔。都忒、奧塔與兩名士兵，一行四個人，帶著一捆麻繩與一個大筐子，騎著馬離開了營地。

接近洞穴時，奧塔察覺有個白衣女子就在洞穴的附近，正朝著洞穴裡丟東西。而白衣女子似乎也聽見了奧塔一行人的腳步聲，隨即起身想要逃走。隨行的兩名士兵立刻衝向前去，經過短暫的追逐，輕鬆地捉到了那名白衣女子。

都忒一見到白衣女子後大吃一驚，原來這白衣女子正是當年唯一逃過屠殺的修女尼諾。

都忒趕緊親自為她鬆綁，並告知他們此行的目的。

尼諾告訴都忒，她也不知格列高利是否依然活著。

多年來，她每日依舊來到洞口為格列高利投餅。這是當年修女長最後交付她的工作，每當她將餅或水果投入深不見底的洞中，便彷彿感受到修女長與她的姐妹們仍舊與她同在。

奧塔命令士兵用筐子垂懸而下，果真如都忒所料，拉起了骨瘦如柴的格列高利。

這兩個士兵一見到仍舊活著的格列高利，便認定他是神人，跪倒在他的面前不住地叩拜。奧塔也驚訝地說不出話來。

都忒問格列高利是否知道他們的來意。

格列高利虛弱地說：「主在異象中已對我說。我的不死，乃是為要世人看見神的榮耀。妳就帶我去見提達斯三世吧。」

回程的路上，都忒見格列高利的右手始終緊緊握著一塊刻著字的石塊，便好奇地詢問這石塊的來歷。

「感謝主，當年我墜入那深洞後，並未立即昏死。但卻發現洞穴布滿了蛇，唯有這一塊石塊的周圍，沒有蛇敢靠近。我立刻抓緊這石塊，免遭毒蛇的攻擊。」格列高利回答。

「這石塊上的文字你認識嗎？」都忒問。

「十年來，我趁著一日之中短短幾分鐘太陽或月光射入洞穴的機會來研究這石塊上的文字。我認為這文字頗類似猶太人與敘利亞的字母，我甚至相信這上面寫的就是十誡的第一條誡命：『除了我以外，你不可有別的神。』」

這回答讓同行的所有人都感到驚奇。

XI

到達營地後，都忒領著格列高利進入提達斯三世的帳篷。

提達斯三世一見到格列高利，便倒在地上，像頭野獸般翻來覆去，不住嚎叫。

格列高利轉頭望向都忒，說：「妳相信耶穌基督嗎？」

都忒說：「主呀，我信了。」

格列高利將手按在國王身上說：「主耶穌打發我來，叫惡鬼離開你，並叫你被聖靈充滿。」

話說畢，提達斯三世身上有一股腥臭的黑氣由腦門竄出。他睜開眼，眼神變得溫柔而明亮，起身與都忒及格列高利相擁而泣，並隨後受了洗禮。

回到首都瓦夏巴特，提達斯三世立即宣布基督教成為亞美尼亞的國教。格列高利成為亞美尼亞教會的首任主教。所有境內的祆教火廟，將在格列高利的監督下拆除或改建為教堂。所有祆教的經典《阿維斯陀》都必須集中焚毀。

讓都忒難過的是，她的養父奧塔不久後便稱病辭去大將軍的職務。雖然他嘴巴不說，但都忒心裡明白，篤信祆教的奧塔與眾多百姓一樣，無法接受來自外國的基督教突然成為亞美尼亞人的國教。他們無法接受阿胡拉・馬茲達的光明之火就此熄滅。

奧塔取了瓦夏巴特城郊火廟的火種，並帶走據信是亞美尼亞境內最後一部《阿維斯陀》。有人見到他獨自騎馬進入阿拉斯河所流經的荒涼山區，之後便不知去向。

修女尼諾也放棄了提達斯三世所提供給她的任何聖職，她隻身前往北方的高加索山區，也就是現在的喬治亞。修女尼諾帶領當地的人民歸向耶穌基督，死後成為喬治亞教會的首位女聖徒。

最後，當年格列高利由蛇洞裡取出，那塊帶著神祕字母的石版，被妥善地安置在提達斯三世下令興建的大教堂內。九十年後，一名叫做梅斯羅布（Saint Mesrop Mashtots）的修士，藉著石塊上字母的啟發，創造了亞美尼亞字母。一直到一千六百年後的今日，亞美尼亞人使用的字母，仍然沒有改變。

住宿便利貼：

Tahran Hotel

為於 Dogubeyazit 唯一一條商業街 smail Be ikçi Avenue 旁。乾淨又經濟的住宿選擇。雙人房一晚約五十里拉，含衛浴、早餐、WiFi。

Tel:+90 742 3120195

交通便利貼：

由凡城到 Dogubeyazit 搭小巴要價二十里拉。

由伊朗與土耳其邊界搭小巴進城要價七里拉。

Dogubeyazit 城裡有旅行社安排攀登亞拉臘山的行程。

Chapter 4
塔赫特蘇萊曼

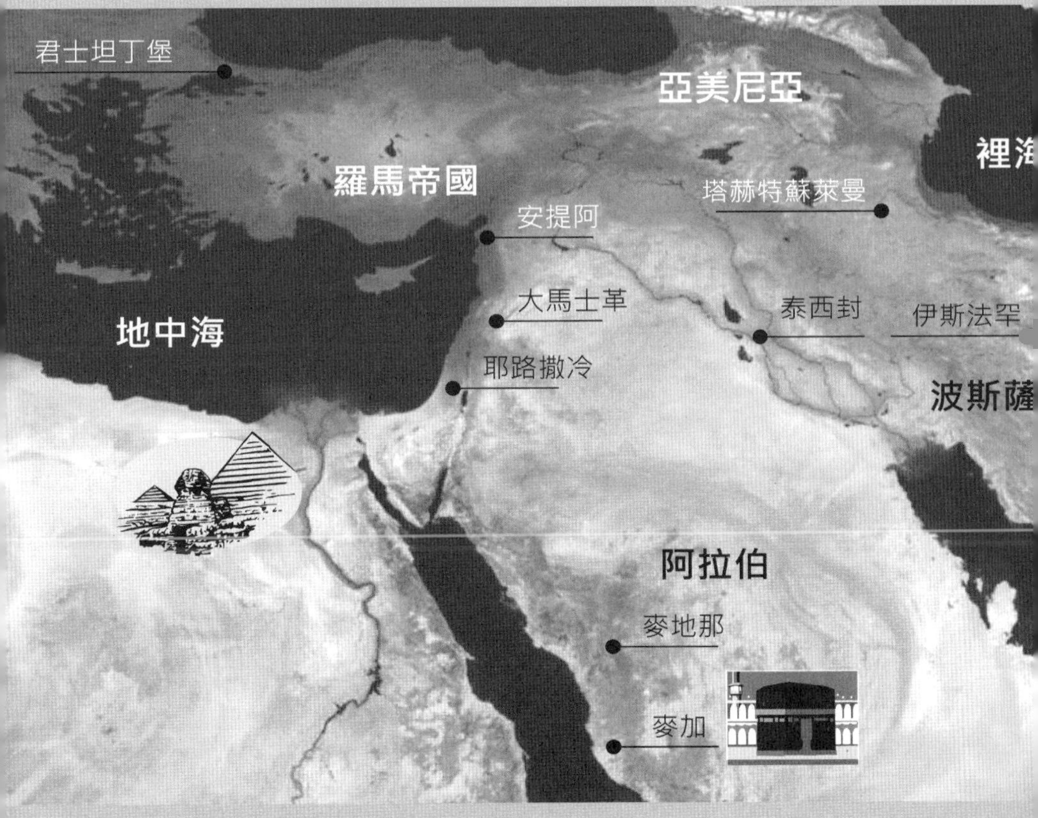

塔赫特蘇萊曼：

字面的意思是「所羅門王的寶座」，在古波斯時代稱之為阿札爾居什乃斯波（Azargoshnasb）。整個聖地圍繞著城牆，並有三十八座錐狀防禦塔。圍牆內是一座祆教的拜火神殿，建築則可追溯至阿契美尼德王朝時期，並於其後的薩珊王朝（二二四～六五一）大幅增建。西元二〇〇三年入選世界文化遺產。

根據傳統，每個薩珊王朝的國王都必須在上任前來此參拜，並在此加冕。神殿南側中央有一座火口湖，顏色隨著深度改變而由藍轉紫，最深的部分達一一二米，水溫則約四十度，湖底泉水每秒能湧出一百公升的溫泉。

塔赫特蘇萊曼奇妙地匯聚了火與水的組和，伊朗人民自古以來便相信火和水構成了世界，並由此創造了世界的第一個一神教——祆教。

I

魯茲巴（Rouzbeh）是第一個信仰伊斯蘭的波斯人。他的一生漂泊於波斯、羅馬與阿拉伯的土地之上，見證了一個燦爛王國的覆滅，與一個先知的興起。

魯茲巴出生於「伊斯法罕」，一座波斯薩珊王朝中部的美麗城市。地處札格羅斯山脈的山腳，周遭的土地是一片酷熱的荒漠，除了發燙的岩石與耐旱的雜草，便一無所有。唯有伊斯法罕城得天獨厚，來自山頂的積雪融化成湛藍的河水流經其中，孕育了作物的生長，餵養了放牧的牛羊，也滋潤了往來商旅乾涸的喉嚨。

魯茲巴的父親是整座伊斯法罕城最富裕的商人，但他的父親並不因此而感到滿足。魯茲巴父親的遺憾來自於他出身的階級；無論他擁有再多的財富，都無法改變他只是一個平民商人的事實。

薩珊時代的波斯人跟他們的印度雅利安遠親一樣，存在著僵固的階級制度。祭司、武士、平民三種世襲的階級，彼此無法通婚。薩珊時代的祆教祭司甚至鼓勵兄妹通婚來維護血統的純正。

魯茲巴是他的父親最為看重的孩子，他自小就展現出對真理的渴慕，過人的語言天賦。他輕而易舉就能背誦艱澀的祆教經典《阿維斯陀》，並從來自遠方的商旅那學會了東羅馬帝國百姓常用的希臘文，與南方阿拉伯商旅使用的阿拉伯文。

由於魯茲巴的天賦與他的父親的金子，魯茲巴在十六歲那一年進入伊斯法罕的祆教火廟擔任火祭者，也就是看顧聖火的工作。照料聖火時必須戴上口罩，以免呼出的氣息與口沫污染了聖潔的聖火。工作雖然簡單，但在魯茲巴的父親看來，這份聖職將是他的家族進入波斯祭司階層的敲門磚。

魯茲巴原本期待火廟的工作是通往生命奧祕的開端，但大祭司卻只要他定時為聖火添加薪柴。當他向祭司或僧侶詢問一些困擾他許久的問題，卻總得不到回應。

「軟弱又無知的人類是真神對抗惡魔的武器嗎？全能的神為何不自己對抗惡魔呢？」

「末世的審判中，異教徒中的善人也要下地獄嗎？」

魯茲巴總是一臉認真地問著這些問題，而每一個回答往往又帶出更多的問題。到最後，火廟中每一個祭司與僧侶都不願與他說話。火廟的祭司長要他少提出問題，多培養自己的「七德」，也就是善念、秩序、主權、虔誠、聖德、不朽和慈善。

魯茲巴心中很不服氣。經過幾年的相處，他認為這些祭司與僧侶只會說些漂亮話，對於波斯國王賞賜黃金的興趣，遠遠超過真理。他心中納悶，難道單調的火廟的生活就是神為他所安排的道路。

II

每年的秋末冬初是魯茲巴父親收租的時候。因為他是如此的富有，光是騎驢繞遍所有名下的土地，就得要花上好幾天的時間。

魯茲巴二十二歲的那一年，他的父親受了嚴重的風寒，沒有辦法外出，只能託年輕的魯茲巴代替他前往鄰近的村莊收租。這是魯茲巴第一次出遠門，他的父親特別安排一位健壯的僕役與他一同出發。

伊斯法罕的冬天並不寒冷，與酷熱的夏日相較，冬天是更適合旅行的季節，但收租的過程並不是太順利。

西元五九〇年的夏天，波斯陷入了大將軍巴赫拉姆（Bahram Chobin）與新國王霍斯陸（Khosrau）之間的內戰。

魯茲巴在伊斯法罕城中便聽過戰爭消息，新王霍斯陸為奪取王位，刺瞎老王雙眼，並將老王處決。戰功彪炳的大將軍巴赫拉姆不承認新王霍斯陸的王位，自立為王，並且將新王霍斯陸逐出了首都泰西封（Ctesiphon）。

霍斯陸輾轉逃到東羅馬帝國的首都君士坦丁堡，請求當時的羅馬皇帝墨利斯（Maurice）協助他奪回王位。代價是割讓多處波斯與羅馬接壤的土地，以及霍斯陸必須迎娶墨利斯的女兒瑪利亞公主。

霍斯陸與羅馬的精銳部隊借道亞美尼亞國境，從北方進入波斯，一路往南挺進，最後在泰西封擊潰大將軍巴赫拉姆的部隊，巴赫拉姆遭到流放。

火廟中的祭司大多支持霍斯陸。不論巴赫拉姆將軍過去如何以寡擊眾，打敗入侵的羅馬軍隊，都改變不了巴赫拉姆並不擁有純粹的王室血統的事實；無論霍斯陸是如何殘酷地對待他的親生父親，他依舊擁有祆教祭司最為看重的王者特質——血統。

戰爭期間，許多伊斯法罕附近農村的青年被強拉至軍隊中作為苦力，不少的牲畜也被軍隊強行徵收為軍糧。幾乎沒有一個佃戶有能力繳納全額的佃租。

一個瞎眼的老人跪在魯茲巴面前，請求魯茲巴寬限他的租金到明年。因為他的兒子被巴赫拉姆的士兵帶走，只留下他與失智的媳婦。他沒有力氣趕走附近的狼群，僅有的少數羊群全給狼吃了。

魯茲巴望著老人乾癟的身形、哀悽的神情，心中十分難受，於是免了老人的租金，甚至悄悄塞了兩塊金幣給他。

黃昏時，暖暖的冬陽照著一言不發的魯茲巴與僕役，兩人騎著驢，長長身影貼在沙地上，路上沒有其他的旅人。

魯茲巴心煩著，原來自己的不虞匱乏來自於匱乏的百姓。隨行的僕役則是擔心，收到的佃租與目標差距太遠，回去後不免遭到主人的責打。

一陣強風颳起，魯茲巴連忙低頭，以免風沙吹入眼睛。風停了之後卻聽到一股不尋常的聲音。一首優美而哀戚的詩歌，以希臘語吟唱著。魯茲巴的心強烈地被這歌聲所吸引著。

他大膽地循著歌聲前進，來到一座臨時搭建的軍營前。軍營旁一株高大的椰棗樹下，四、五位教士正圍坐在一個身穿華服的年老主教身旁，歌聲便是由他們所唱出。

魯茲巴不顧僕役的勸阻，下了驢，走近這群人。

主教身後的椰棗樹上掛著一幅畫像，畫中有一位神情哀悽的男子，男子後方有著一道十字的記號。魯茲巴覺得畫中人有些似曾相識的感覺，仔細一想，原來畫中男子神情與收租所見的瞎眼老人頗為相似，彷彿擔當了無數的憂患，背負了極大的痛苦。

見到畫像後，魯茲巴的眼睛不知何故噙滿了淚，主教望見他，便起了身，為他拭去了眼淚。等情緒稍微平復，魯茲巴請教了他們的來歷，才知道他們是東羅馬帝國的基督徒，隨著幫助霍斯陸的羅馬軍隊來到波斯，負責以聖像為軍隊祈福、聽士兵的告解、主持彌撒。

如今戰事已經結束，他們正隨著部隊回到羅馬東方的大城安提阿（Antioch）。

穿著猶如祆教僧侶的魯茲巴居然會說一口流利的希臘語，讓來自安提阿的年邁主教很驚訝，見到魯茲巴在基督聖像前流淚的模樣，更認定魯茲巴必是主所揀選的外邦人，為要將福音廣傳這地。

主教建議魯茲巴與他們一同回到安提阿，魯茲巴想也不想便同意了。當教士吟唱頌讚天主的詩歌時，他強烈地感受到，這群教士必有神與他們同在。這個神有著憐憫的心腸，要照亮坐在黑暗中死蔭裡的人。

魯茲巴打發僕役回去告知他的父親，這年輕的僕役卻擔心回到伊斯法罕會遭到主人責難，他乾脆拿著收到的佃租，逃往南方的首都泰西封。

III

魯茲巴到了安提阿後便受了洗，成為一名基督徒，跟隨著年邁的主教在修道院過著基督教士的生活。修道院單純的生活讓他得以專注於思索基督的天國，年邁的教士也成為他神學與靈性的導師。

年邁的教士總不斷提醒他，有一天他要回到波斯，去傳講天國的福音。

透過每日晚間的經課，午夜過後起身的詩篇吟唱，夜以繼日的默想經文，魯茲巴很快通曉了新舊約經文。五年之後，當年邁的教士逝世，魯茲巴幾乎成為整座修道院最熟悉經文的修士。

他不俗的談吐、波斯的背景，以及所展現出那無比虔誠的態度，讓他的名聲在安提阿城中廣為流傳。毅然拋棄富裕家世來追求基督的傳奇，被認定為當時最振奮人心的見證之一。安提阿的牧首葛利果（Gregory of Antioch）因此邀請他到安提阿牧首所在的聖彼得教堂擔任助祭。

在安提阿這個由使徒彼得親手所建立的牧區，牧首葛利果擔任牧首長達二十餘年，所憑藉的不是虔誠與對神的忠心，而是他高超的交際手腕。

當安提阿城中的羅馬軍團因長年與波斯的戰爭而軍心不穩，牧首葛利果為遠在君士坦丁堡的皇帝擔任居中的調停者，成功平息了叛變。

當波斯新王霍斯陸被大將軍巴赫拉姆逐出波斯，牧首葛利果接待了這位落難的異教徒國王，並將霍斯陸安全地送到君士坦丁堡。霍斯陸借兵復仇成功後，對於牧首葛利果十分感激，還特地遣使送上不少珍貴的珠寶。

牧首葛利果的提拔讓魯茲巴滿心期待地來到安提阿的聖彼得教堂。迎接他的卻是眾多繁複且一絲不苟的儀式，這讓魯茲巴靈修的時間大為減少。

豐盛的餐點也讓魯茲巴感到心驚。上等的葡萄酒、新鮮的奶油、山羊的乳酪、各式的肉品，毫無顧忌地出現在牧首的餐桌之上，然而農村裡卻有大批吃不飽的孩童。

牧首葛利果因為長期攝取過度精緻的飲食，腳趾、手指都出現嚴重的痛風石，一到天氣轉變的日子便痛苦不堪，甚至無法親自主持彌撒。

聖經上說：「神豈不是揀選了世上的貧窮人，叫他們承受祂所應許給那些愛祂之人的國。」在魯茲巴看來，牧首葛利果實在不太像是承受基督應許的貧窮人。

幾個月後，牧首葛利果因為服用阿拉伯人治療痛風的偏方而中毒身亡。幾位主教為爭奪安提阿牧首的寶座與葛利果留下的大筆財富而互相攻訐。魯茲巴對於安提阿的神職人員失望透頂，於是離開了這座城市。

魯茲巴前往位於大馬士革的「施洗約翰大教堂」，擔任起修士輔祭的職務。幾年後再度因為無法認同腐敗的神職人員，而轉往耶路撒冷，擔任耶路撒冷「聖墓教堂」的修士大司祭。

聖墓大教堂存放著「真十字架」。是當年君士坦丁大帝的母親海蓮娜在耶路撒冷所發現的聖物。雖然不起眼，卻是來自當年耶穌所殉難的十字架。也因此聖墓教堂被視為整個東羅馬帝國最神聖的教堂。

即使來到最神聖的教堂擔任聖職，魯茲巴依然失望地發現，當地不少修士都是為了逃避羅馬兵役才委身於教會之中。這些神職人員的懶散、腐敗、蠻橫與固執，讓魯茲巴的心漸漸冷淡了。

IV

西元六〇二年，羅馬皇帝墨利斯在君士坦丁堡遭到叛變的軍隊殘忍地謀殺。波斯國王霍斯陸藉口為他的岳父復仇，出兵重新占領過去割讓給羅馬帝國的土地。

西元六一〇年，新羅馬皇帝席哈克略（Heraclius）登基，羅馬的東方第一大城安提阿失陷於波斯。魯茲巴所在的耶路撒冷同樣遭到波斯軍隊的圍城。

耶路撒冷的地理位置絕佳，東、西、南邊都有天然屏障，易守難攻，守城的羅馬軍隊在城北挖掘壕溝作為防禦工事，英勇地抵抗波斯人長達兩年之久。

然而，等到一切都已經耗盡，耶路撒冷還是未能等到君士坦丁堡派出的援軍。等到波斯人所掘的地道成功穿過了壕溝，掏空了城牆的地基，在轟隆一聲巨響中，耶路撒冷北城牆倒塌，如潮水般的波斯軍隊湧入了城內。

城破的消息很快傳到聖墓教堂，教堂內的修士全數聚集在收藏聖十字架的房間內。耶路撒冷牧首撒迦利亞顫抖地打開鑲滿了各色寶石的漆黑木盒，露出約一個手肘長的古老木板，也就是傳說中的真十字架。

牧首帶領著魯茲巴在內的所有修士，跪在木盒前，口中不斷祈求：「主呀，求祢從天上降下火，來燒滅這不信者的軍隊。」

當天的天空是一片無止境的藍，天火始終沒有降下來。倒是波斯士兵很快就闖入了教堂之中，爭相將祭壇上值錢的金杯、燈臺塞入懷中。晚點進來的士兵搜索著教堂內的房間，期望還能找到任何能換成金幣的戰利品。

幾個波斯士兵提著刀踹開房門。走進收藏聖十字架的房間內，仔細著打量任何看來值錢的物品。牧首身上華麗的袍子無可避免地引起了注意。收藏聖十字架的木盒則在破門前，由魯茲巴藏入他寬大的修士袍裡。

士兵揮舞著刀，要所有人抱著頭蹲在地上，接著一把將牧首由地上揪起，將刀架在牧首的脖子上，命令他交出所有值錢的東西。牧首聽不懂波斯語，見到刀架在頸子上，竟然嚇得失禁，渾身發出一股尿騷味。

魯茲巴自己也不知道為何要將木盒藏入懷中。他心中納悶，難道殉教就是神為他所安排的道路。此時，卻聽見一個聲音傳來。

「我認得你。」

魯茲巴嚇了一跳，望向聲音傳來的地方，原來是一個波斯的百夫長。

「少爺，你在這邊做什麼。」百夫長走到魯茲巴身邊拉起了他。魯茲巴這時終於也認出他來，這波斯百夫長正是二十年前與他一同收租的僕役。

「饒過這些人的性命吧。」魯茲巴以波斯語向百夫長說。

「少爺，這可不行。我的手下為我拚死地作戰，能犒賞他們的機會也只有這個時候。我不能白白放走這些人，至於少爺你，就跟我一起回到波斯吧。」

魯茲巴見這百夫長對他仍相當客氣，便鼓起勇氣將他拉到一旁，偷偷打開袍子，低聲說：「見到這裝飾滿寶石的盒子了嗎。我懷裡這盒子所裝的是整個羅馬最有價值的聖物。這盒子上寶石的價值，還不如裡頭聖物的萬分之一。你要饒過這些修士的性命，將他們以奴隸的身分賜給你的士兵，羅馬的皇帝會願意出高價來贖他們的身。而我會與你一同將這寶物獻給將軍，你將會得到超過你所求所想的獎賞。」

百夫長有些遲疑，但最後還是選擇相信魯茲巴所說的話。他告訴波斯士兵這批修士的價值，讓他們將修士們帶往營中俘虜。

魯茲巴與百夫長稍後求見了波斯的大將軍沙赫巴勒茲（Shahrbaraz）。魯茲巴細述了自己的身世與真十字架的價值。沙赫巴勒茲大為高興，立即將百夫長升為千夫長，並賞賜他三百枚的金幣，那足足是他十年的軍餉。

為了徹底羞辱羅馬人，沙赫巴勒茲在俘虜前展示了聖十字架，並下令焚毀聖墓大教堂。將軍的算盤是，等到這些羅馬人被羅馬皇帝贖回，所有羅馬人都會知道，他們最重要的聖物已經落入波斯人的手中。他要一舉擊潰羅馬人作戰的意志。

V

魯茲巴跟著波斯的軍隊回到薩珊首都泰西封，首次見到了泰西封皇宮著名的華麗拱形伊旺（Iwan），宮中的宮女與王族穿著來自遙遠中國的珍貴絲綢，泰西封彷彿是世上最富裕的城市。因協助奪得真十字架有功，國王霍斯陸與泰西封的大祭司特別授與了魯茲巴祆教祭司的職位，魯茲巴父親長久來的願望終於得到實現。不幸的是，早在魯茲巴回到波斯的幾年前，他的父親便已經過世。

魯茲巴不想待在首都泰西封，也不想回到伊斯法罕。他懷念當年他在安提阿的小修道院苦修的日子，那是他與神最親密的時候。他請求大祭司能派遣他到最人煙罕至的火廟。大祭司想了想，寫下了「阿札爾居什乃斯波」（Azargoshnasb）。

「阿札爾居什乃斯波」位於帝國西北方的群山之間，這個名字來自於半神半人的古波斯國王居什乃斯波。傳說中，居什乃斯波斬殺了惡魔所化身的火龍，並將牠扔入燒著硫磺的火湖之中，因此阿札爾居什乃斯波供奉的聖火乃是武士之火，同時也是帝王之火。所有薩珊王朝的國王在即位後都要步行至該地去祭祀聖火。

接下來的十年，魯茲巴就在阿札爾居什乃斯波擔任火祭者的工作。

薩珊歷代國王在火廟周圍築起的堅固的城牆，足足有十四公尺高、五公尺厚，唯有國王、祭司與僧侶能夠進入其中。僧侶們日常所需的食物與飲水都由附近的小村莊供給，僧侶只需要專心火廟的事奉與個人的修行

國王霍斯陸每年都會捐贈大量財物給火廟，但國王本人忙於對埃及與君士坦丁堡的征戰，無暇親自前來祭祀「武士之火」。

阿札爾居什乃斯波地下蘊藏著豐富的瓦斯氣，可燃的瓦斯氣會由地底下竄到地面，一百年前，薩珊高明的建築師便設計管線，將瓦斯氣引到火廟的聖火壇，僧侶不需要費心添加薪柴。

規模宏偉的火廟不僅有聖火壇，主建築的左翼還祭祀著波斯豐饒女神安娜希塔（Anahita）。安娜希塔同時也是波斯太陽神密特拉的母親。神殿當中有一座安娜希塔的神像，一個美麗的長髮女子站在古代雙輪馬車上奔馳的形象。

這神像是由國王霍斯陸下令打造，也是阿札爾居什乃斯波唯一的一座神像。魯茲巴對於這座神像頗不以為然，認為那完全是墮落的偶像崇拜。

正對火廟入口，有座直徑一百公尺左右的圓形大湖，沒有人知道湖水的深度。即使是晴空之下，湖水依舊呈現詭異的綠色。湖水終年溫暖，但有股腐臭的味道，飲用後會讓人腹痛如絞。傳說中的毒龍就囚禁在湖水的下方。

因著魯茲巴對祆教經典《阿維斯陀》的熟稔，因著魯茲巴在聖火前祈禱時的虔誠面容，更因著魯茲巴將真十字架獻給國王，沒有人懷疑魯茲巴是否已經棄絕了基督教。

只有魯茲巴自己知道，有多少深夜裡，他因為那些可怕的夢而驚醒。夢境裡，火廟的大祭司宣判他是基督徒所偽裝的騙子。夢境裡，耶路撒冷牧首撒迦利亞揪住他的手，斥責他是掠奪聖物的竊盜者，無恥的叛教者。

隨著年紀的增長，魯茲巴越來越分不清，阿胡拉・馬茲達與耶和華的不同。祆教每日五次的祈禱中，他越來越常想起安提阿那座小修道院裡的聖像，聖像裡悲傷的面容，彷彿要擦去世人一切的眼淚。

VI

有些人的人生，看似節節敗退，事實上卻是在累積他的能量，等待最佳時機，迸發最耀眼的光芒。

即使在他的統治下，東羅馬帝國先後失去了東方第一大城安提阿，失去了聖地耶路撒冷，失去了帝國最重要的糧倉埃及。但憑藉著博斯普魯斯海峽與高聳的城牆，羅馬皇帝席哈克略最後還是守住了帝國的首都君士坦丁堡，並且開始了對波斯的全面反擊。

西元六二四年的初春，羅馬的軍隊借道亞美尼亞，翻越波斯西北方的群山，出現在聖地「阿札爾居什乃斯波」。波斯人從未料到羅馬人居然能找到這處隱密的聖地，當地沒有駐紮像樣的守軍。祆教的僧侶們只能緊閉城門，望著山腳下威風凜凜的羅馬軍隊。

祭司長想要利用信鴿來求援，但魯茲巴很清楚羅馬軍隊的戰力，他認為聖火廟的城牆絕對抵擋不了多久。他說服祭司長，讓熟悉希臘語及拉丁語的他來跟羅馬人談判。

最後祭司長同意獻城投降，神殿中所有的僧侶淪為戰俘。

羅馬軍隊進入火廟後，以泥沙阻斷了地下瓦斯氣的管線，熄滅了聖火壇上的「帝王之火」，再以羅馬士兵的排泄物覆蓋於其上。豐饒女神安娜希塔駕著雙輪馬車奔馳的神像被推倒，敲得粉碎，女神的頭顱被當成戰利品送到君士坦丁堡。

祆教僧侶被迫協助羅馬軍隊拆下火廟中所有值錢的飾品，將火廟中歷年波斯國王所奉獻的黃金與白銀抬上馬背。因為擔心濃煙會引來波斯的軍隊，羅馬軍隊並未焚毀整座火廟。

包括魯茲巴在內的僧侶們與大批戰利品隨著羅馬軍隊被帶到了亞美尼亞。羅馬人原以為波斯國王會像羅馬皇帝一樣，以重金贖回這些祆教祭司與僧侶。然而，波斯國王拒絕支付任何贖金，羅馬人於是在亞美尼亞的市場上，將祆教僧侶們出售給奴隸販子。因為這些祆教僧侶大多年邁又缺乏勞動，賣出的價格少得可憐。

唯一沒有被賣出去的是阿札爾居什乃斯波的祭司長。所有人都認為他已經瘋了，他逢人便訴說，在聖火熄滅的那一刻，他見到傳說中虎頭鷹身的神鳥西穆如（Simurgh）墜入了綠色的湖水之中。一個脾氣暴躁的羅馬士兵受不了他的喃喃自語，一刀砍下他的腦袋。

魯茲巴被賣給一個猶太商人。不久，這猶太商人又將魯茲巴賣給他一個住在阿拉伯半島上的遠房親戚。魯茲巴被帶到「麥地那」這座綠洲城市，擔任採收椰棗的奴隸。

VII

阿拉伯半島酷熱的天氣與終日的勞動讓魯茲巴的肉體疲憊不堪，但精神上魯茲巴卻反而覺得輕鬆。自他被賣為奴隸的第一天起，他便不再作過那個關於叛教者的惡夢。

一天清晨，曙光剛現，魯茲巴如往常一樣，已經在高大的椰棗樹上工作。一道清亮的吟唱從遠處穿過沙地傳到他的耳裡。

「真主至大！」

「真主至大！」

「真主至大！」

「我見證，萬物非主，唯有阿拉是真主！快來禮拜！快來救贖！」

魯茲巴深受這叫拜聲所感動，便問樹下的猶太主人，這聲音來自何處。他的主人告訴他，這聲音來自一群從麥加來此避難的阿拉伯人，他們自稱「穆斯林」，意思是順服唯一真神的人。

他的主人要魯茲巴專心工作，別理會這叫拜聲，一邊向身旁的族人誹謗穆斯林與他們的宗教「伊斯蘭」。猶太主人認為，剛來到麥地那的穆斯林「先知」，不過是個通靈的野心分子。

魯茲巴對於這一群自稱信仰唯一真神的穆斯林充滿好奇。趁著主人不在，他跑到附近一個最近成為穆斯林的家庭，打聽到了「先知」的所在，並大膽地拋下工作，前往拜訪。

魯茲巴在穆斯林剛興建完成的「清真寺」門口窺探，裡面一個與他年紀相仿的男子對他喊著：「你要不就進來聽聽？聽了喜歡就接受，不喜歡便離開。」

見眾人圍坐在這男子的身邊，魯茲巴猜想，剛剛對著他講話的人便是「先知」，於是進門加入圍坐在地上的人群中。

聽著穆斯林頌讀《古蘭經》，魯茲巴沉醉於優美的阿拉伯文詞句。隨著聲調起伏與婉轉吟唱，全身彷彿被聖靈的氣息所吹拂。隨著經文誦讀完畢，神賜給魯茲巴一個新心。他跪在先知的面前，流著眼淚，說：「多麼奧妙呀！我要如何才能入教呢？」

「先知」說：「只要作證萬物非主、唯有阿拉是真主，並俯身敬拜。」

魯茲巴遵行了之後，「先知」伸出了手，扶起了他，並說：「告訴我你的故事吧！」

魯茲巴花了不算短的時間，向「先知」與眾人講述了他在羅馬與波斯的經歷。聽畢後，「先知」對魯茲巴說：「你當贖回你自己。」

魯茲巴回到猶太主人家中，大膽地打探了自己的贖價，魯茲巴的主人獅子大開口地要求三百棵椰棗樹與一千六百枚銀幣。這足足是他當初買下魯茲巴的十倍價錢。

魯茲巴愁容滿面地回到先知的住處，「先知」拿出了一顆鴿蛋大小的金塊，說：「這塊金子足夠償還你的贖價吧！你那愚昧的主人不了解，你的價值遠高於三百棵椰棗樹與一千六百枚銀幣。」

魯茲巴對於「先知」的慷慨十分感激，特別是穆斯林來到麥地那後的發展並不順利。「先知」剛經歷了一場幾乎讓他喪命的戰役。戰役中，數十名穆斯林戰士因為英勇抵擋來自麥加軍隊的進攻而喪命。戰後「先知」宣布穆斯林男子可以合法迎娶四個妻子，以解決麥地那眾多寡婦的生計。

「先知」原本對於基督教、祆教所知不多。魯茲巴成為穆斯林後，因著他對聖經與祆教經典的熟悉，而受到「先知」的喜愛與倚重。

「先知」將天使加百列對他啟示的經文與基督教的聖經相互印證，從而更加證實，阿拉真主乃是亞伯拉罕的神，是與猶太教、基督教相同的唯一真神。阿拉伯人自古奉為聖地的麥加天房，乃是古代亞伯拉罕與他的兒子以實瑪利為真神所築的祭壇。

「先知」告訴魯茲巴，過去神曾經派遣摩西、耶穌到猶太人之中，帶給他們真理與戒命，使猶太人與基督徒成為「擁有經書的子民」。現在輪到阿拉伯人獲得神所降下的經書。

「先知」穆罕默德是神的使者，也是最後的先知。

VIII

西元六二七年初春，信仰阿拉伯古代眾神的麥加古萊須族，聯合了阿拉伯半島上的其他部落，集結了空前的大軍進攻麥地那，準備一舉剿滅穆罕默德與穆斯林。

根據線報，來自麥加的軍隊人數超過了一萬人，包括了乘著高大阿拉伯馬的騎兵。而穆罕默德能調集的軍隊還不超過三千人，當中包括了態度搖擺不定的猶太部落。

正當穆斯林們人心惶惶，魯茲巴回想起當年羅馬人在耶路撒冷抵擋波斯人進攻時所掘的壕溝。

按他的觀察，麥地那三面環繞著險峻的高崖，唯有北面的平原易於進攻，北面也是麥地那唯一擁有耕地的所在。只要穆斯林在農田的外側挖掘壕溝，麥加的軍隊便不容易進攻，同時也無法就地取得糧食，防守方只需等待進攻一方的糧草耗盡，就有取勝的機會。

穆罕默德接受了魯茲巴的提議。動員了城內的所有穆斯林加入了這項行動。包括了穆罕默德在內，他們一邊唱著頌讚真主的歌聲，一邊使用手邊所有派得上用場的器具來挖掘壕溝，並在壕溝內插滿削尖的木樁。

當麥加的軍隊來到壕溝前，他們的戰馬、箭簇頓時變得毫無用武之地。阿拉伯人的歷史上從未見過如此的戰術，他們斥責穆斯林為懦夫、鼠輩，並要求進行正面的對決，但穆斯林絲毫不予理會，僅以飛箭回應任何靠近壕溝的麥加士兵。

三週後，麥加軍隊仍舊無法跨過壕溝。

麥加的領袖試圖策反麥地那內的猶太人，以便內外夾擊穆斯林。而這正是先知穆罕默德最擔心的事情。

穆罕默德不斷勸說猶太人信守最初的盟約，最終猶太人卻還是被麥加的說客所打動。麥地那的猶太人原本就不看好這落魄的「先知」，也無意為他而死。

就在猶太人決定拋棄穆罕默德與穆斯林之後，讓魯茲巴無法解釋的奇蹟出現了。

夜裡，麥地那城外的沙漠捲起了風暴，強烈的風沙捲走麥加人的營火、帳篷、鍋瓢。戰馬受不住沙粒打在身上的痛楚，在營地中不斷狂奔，活活踏死了不少麥加士兵。麥加人擔心這是穆罕默德所施行的法術，決定連夜撤軍。

第二天一早，穆斯林軍隊驚訝地發現，壕溝外的平原已經空無一人。

更吃驚的是當地的猶太人。他們撕毀了與「先知」的盟約，幾乎就要將穆斯林逼入絕境。但如今，麥加人已經撤軍，他們必須獨自面對穆斯林的軍隊，而且他們在道義上完全站不住腳。

穆罕默德下令，當地的猶太男子若沒有穆斯林的求情便必須遭到處決，妻兒要當成奴隸賣掉，財產也必須全數充公。

魯茲巴對於勝利的喜悅被這殘酷的命令所沖散。他知道這代表的是超過七百名猶太男子將遭到屠殺。他請求穆罕默德饒恕這些猶太人，但最後穆罕默德僅同意放過他的前雇主，並且他們一家必須被販賣為奴，就像當初魯茲巴所遭受的對待。

IX

魯茲巴事後看來，穆罕默德下令屠殺猶太人的舉動固然殘酷，卻也讓穆斯林從此牢牢掌握了麥地那這座城市。更重要的是，從此阿拉伯半島上沒有任何部落膽敢違背與穆罕默德的盟約。

經過了魯茲巴所策畫的「壕溝之役」，穆罕默德與麥加的古萊須族達成了為期十年的停戰協議。穆罕默德與穆斯林得以回到麥加的天房朝聖。

事實上，還等不到協議期滿，古萊須族在三年後便宣布無條件投降，天房內的所有阿拉伯古代神像遭到穆斯林的不留餘地的摧毀。這是歷史上第一次，阿拉伯半島的所有部落統一在一個宗教、一個領袖之下。

穆罕默德回到麥加朝聖不久後，北方傳來了波斯薩珊王朝政變的消息。羅馬皇帝席哈克略統帥的軍隊在尼尼微戰役中擊敗了波斯人。波斯國王霍斯陸與羅馬公主所生的長子卡瓦德，在部分貴族的簇擁下篡位，國王霍斯陸被捕下獄。卡瓦德同意歸還當年魯茲巴從耶路撒冷所帶走的真十字架，作為換取羅馬軍隊撤軍的條件。待協議簽妥，卡瓦德下令以亂箭射死他的父親霍斯陸，因為他覬覦父親的寵妃席琳。

魯茲巴認為，薩珊的王室必然已遭到神的詛咒，卡瓦德的惡行與當年霍斯陸殺害他的父王的惡行如出一轍。這個家族長期兄妹通婚，母子相姦，已經將整個波斯陷於神所最憎惡的罪行之中。

穆罕默德寫了封信給波斯的新任國王，邀請他歸入伊斯蘭，但沒有得到任何的回應。倒不是波斯國王故意蔑視阿拉伯先知，只因為波斯國王實在無暇討論宗教問題。霍斯陸死後的四年之內，波斯的薩珊王朝總共換了十位國王，從嬰孩到女子都有，首都泰西封的宮殿彷彿成為了失勢國王的屠宰場。

西元六三二年，也就是「壕溝之役」的五年後，穆罕默德率領了數千人到麥加朝聖。就在今日阿拉法特山的米納山谷，年邁的穆罕默德站在駱駝背上發表最後的告別佈道。

告別佈道後，穆罕默德的身體狀況迅速惡化，「先知」最後也回到了神的身邊。穆斯林由推選出的「哈里發」治理他們的新帝國，準備北征羅馬與波斯這兩個大帝國。

在第二任哈里發歐麥爾（Caluiph Umar）的領導下，穆斯林軍隊開始以驚人的速度擴張伊斯蘭帝國的領土。

伊斯蘭的「百勝將軍」哈立德（Khalid ibn al-Walid）在西元六三七年，對耶路撒冷發動了長達四個月的圍城，終於在四月份從羅馬軍隊手中奪下了聖城。同年十月，羅馬帝國東方第一大城安提阿同告失陷。

同時，穆斯林軍隊對波斯薩珊王朝的戰爭也取得空前的勝利。

「先知」最早期信徒之一的薩阿德（Sa`d ibn Abi Waqqas），率領穆斯林軍隊在幼發拉底河畔的卡迪西亞戰役中，以三萬名穆斯林士兵打敗了人數超過二十萬的波斯軍隊。

這場戰役無疑是壓垮薩珊王朝的最後一根稻草，從此薩珊王朝未能再發動任何像樣的反擊。薩阿德北上輕鬆奪下薩珊王朝的首都泰西封。薩珊的末代國王亞茲格德三世，倉促地帶著王室成員向東遁逃。他的兒子俾路斯跋涉到中國唐朝，企圖向唐高宗請求援軍，最後卻在中國終老一生。

勝利後，哈里發邀請魯茲巴到泰西封，協助薩阿德治理這古老又遼闊的波斯土地。

此時的魯茲巴已經是一位年近七十歲的老人，他由麥地那跨過曾經分隔波斯人與阿拉伯人之間的浩瀚沙漠，渡過了孕育蘇美與波斯文明的幼發拉底河與底格里斯河，回到了他離開十餘年的祖國。

魯茲巴看到祖國悽慘的景況很是難受。兩河之間曾經富庶的肥沃之地，卻因羅馬及伊斯蘭軍隊的接連入侵而荒蕪。村莊中只剩老人與小孩，男子多半被迫加入軍隊，年輕的女子被羅馬人或阿拉伯人擄為奴隸。

泰西封皇宮的拱形伊旺依舊美麗，但宮中的王族、宮女與宦官都已不知去向。簡樸的伊斯蘭將軍薩阿德不願入住其中，下令將皇宮改為清真寺。

魯茲巴向薩阿德建言：大赦泰西封城中數量龐大的波斯官員、技術熟練的建築工匠、冶金鐵匠、織工；重修兩河流域殘破的灌溉系統；鼓勵但不強迫波斯百姓改信伊斯蘭教，百姓只要繳交稅賦，便可以獲得保護。

這些建議對於新興的伊斯蘭帝國起了莫大的作用。阿拉伯人從未有過治理廣大帝國的經驗，波斯超過千年歷史的官僚體系，正可以為阿拉伯人所用。

多虧了魯茲巴的建議，兩年後，當阿拉伯與敘利亞地區發生大旱，兩河地區充足的糧食適時減緩了饑荒帶給新帝國的傷害。

XI

薩阿德邀請魯茲巴隨著掃蕩殘餘薩珊勢力的軍隊北上，好讓魯茲巴能沿途將《古蘭經》帶給波斯人民，並在各地興建供穆斯林禮拜的清真寺。

各地的祆教火廟遭穆斯林軍隊拆除，許多波斯百姓開始轉往穆斯林的清真寺去敬拜神。過去世襲的祆教祭司，被大多數渴望翻身的波斯下層平民徹底棄絕。

當魯茲巴與穆斯林部隊接近祆教第一聖地「阿札爾居什乃斯波」，季節已經來到深秋，夜裡的魯茲巴總難以成眠。一方面是寒冷的氣候摧殘著他衰老的肉體，另一方面，魯茲巴又做起了當年的惡夢。

東正教的耶路撒冷牧首、祆教的大祭司，再度出現在他的夢境中。他們都問魯茲巴相同的問題：「『叛教者』，你為何拋棄了你的神！」

穆斯林軍隊來到在阿札爾居什乃斯波山腳下的小村莊。魯茲巴隨著幾個穆斯林將領登上圍繞火廟與大湖的城堡。當年被羅馬軍隊掠奪的火廟依然殘破，「帝王之火」依舊熄滅著。

穆斯林將領提議將城牆與火廟拆除，將石塊運到山腳下的村莊，興建一座供村民使用的清真寺。魯茲巴沒有反對，心裡卻覺得不妥。火廟前，綠色的湖水深處，他彷彿看見神鳥西穆如那虎頭鷹身的身影。

當天夜裡，魯茲巴因擔心惡夢來臨而難以入睡。一陣風聲過後，帳幕外出現一道白光，白光逐漸變亮並穿過了帳幕，一個老者的身影出現在他的床前。白光下，老者的面容難以看清，但魯茲巴卻強烈地感受到老者對他的愛。他回憶起，當年他第一次出伊斯法罕城，椰棗樹下為他拭淚的年邁主教。

魯茲巴流著淚說：「主呀，我有罪。主呀，好多時候我分不清楚祢到底在火裡面，還是在十字架上。每一個先知口中的祢，是否是同一個神。」

「我不是主，你也沒有犯罪，你只是在尋求神。」老者說。

「你若不是主，那我該上哪去尋求主？」魯茲巴問。

「別讓人因神的名而流血，別讓城市因神的名而被焚燒。我主曾說：『愛我的，我也愛他。懇切尋求我的，必尋得見。』」老者溫柔地說。

「昨日我在湖水下見到了西穆如，牠是真實的嗎？」

「去看聖經的《啟示錄》！我已預言了那燒著硫磺的火湖，飛鳥要赴神的宴席，吃獸與假先知的肉。如今，西穆如與我正看守著獸所在的地方。」

說畢，白光與老者同時消失。魯茲巴猜想老者是《啟示錄》的作者使徒約翰，傳說他擁有不死的生命，為要等待基督的再臨。老人的話撫慰了魯茲巴，帶走了糾纏他多年的罪惡感。那一夜，他心滿意足地睡，惡夢並未降臨。

第二日的晨禱中，魯茲巴向穆斯林將領吟誦《古蘭經》二十七章，當中描寫了古代所羅門王帶領由精靈、人類、鳥類組成的大軍，擊敗並綑綁了眾惡魔。

魯茲巴向穆斯林將領說明，此處正是古代所羅門王綑綁惡魔的所在。城牆與火廟是由所羅門王下令興建，而非波斯人。若任意拆毀所羅門的宮殿，惡魔將會由地底逃出，再度肆虐人間，而那將會是末世審判的序曲。

所有的人都發現，經過一夜，魯茲巴的眼神變得光明、無所畏懼。因著魯茲巴對於《古蘭經》與聖經的權威，沒有一個穆斯林將領願意挑戰魯茲巴的解釋。

祆教聖地「阿札爾居什乃斯波」被保留下來。穆斯林尊稱此地為「塔赫特蘇萊曼」(Takht-e Soleyman)，意思是「所羅門王的寶座」，直到今日。

住宿便利貼：

Sepid Hotel

Zanjan 少數的住宿選擇。女老闆英文不錯，房間乾淨，但沒有網路。雙人房一晚五十美金，含衛浴、早餐。

Tel: +98 241 3226882

交通便利貼：

距離主要城市都很遠，而且附近也沒有住宿場所。建議由德黑蘭先前往 Zanjan 住宿一晚(車程五小時)，再由當地包車至塔赫特蘇萊曼，單程需三小時車程，包車一天約一百二十美金。

Chapter 5
爾米亞湖

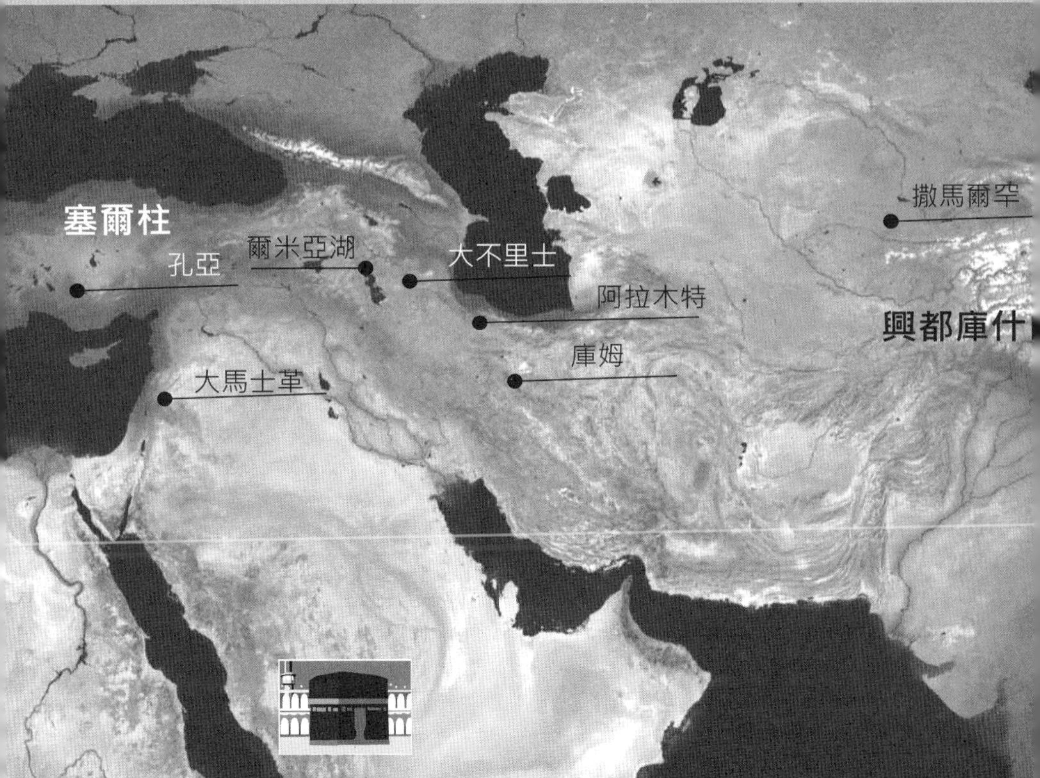

爾米亞湖：

位於伊朗西北角的東、西亞塞拜疆兩省之間，終年不乾，為伊朗境內最大鹹水湖。湖中有百餘個岩石小島，是各類野鳥的棲息地，包括一種吃透明蠕蟲的火鶴。已經被聯合國教科文組織選為生物圈保護區。

有部伊朗電影《收集眼淚的男人》（*The White Meadows*），就是在當地取景，景色非常特殊。第二大島 *Shahi Island* 上埋葬著成吉思汗的孫子旭烈兀，但確定的墓地現在還沒有找到，當年據說有大批珠寶與處女陪葬。

I

西元一〇一七年，塞爾柱土耳其的蘇丹阿斯蘭（Alp Arslan）在凡湖北方擊潰東羅馬帝國皇帝羅曼努斯四世（Romanos IV）的軍隊。從此，由羅馬人統治超過千年之久的安那托利亞高原落入了土耳其人手中。孔亞（Konya）這座位於安那托利亞中心位置的城市，成為了塞爾柱土耳其帝國的首都。

西元一二四三年，塞爾柱軍隊在黑海南部的科塞達克（Köse Da）遭到蒙古大將拜住（Bayju）所擊潰，塞爾柱蘇丹凱霍魯斯（Kaykhusraw II）被迫向蒙古帝國稱臣，每年必須付給蒙古可汗大量的貢金。

投降稱臣雖然帶來恥辱，首都孔亞卻因而未遭到蒙古軍隊的蹂躪。大批由東方避難而來的富商與學者，讓孔亞成為當時伊斯蘭的學術重鎮。

西元一二四四年秋末，一個穿著破爛的托缽僧也由東方來到了孔亞。

他自稱「夏姆斯·大不里士」，夏姆斯在阿拉伯語中是「太陽」之意，大不理士則是他的故鄉。此時夏姆斯已經是六十歲的老人了，他必須要儘快找到能將他的奧祕傳遞下去的弟子。

夏姆斯在清真寺旁的街上駐足數日，因為他窮酸的模樣，並未引起多少的注意。一天，穿著珍貴絲袍的蘇菲學者賈拉魯丁來到清真寺旁的花園，在宜人的秋末陽光下看著書。一旁的夏姆斯一眼便認出，這中年男子正是他生命中最後的弟子與摯友。

「請問你在看什麼書呢？」夏姆斯走近賈拉魯丁的身邊問。

賈拉魯丁抬起頭望了夏姆斯一眼，見他的打扮與模樣，便認定他是個來乞討的托缽僧。他把右手伸向袍內的口袋，打算拿幾個銅錢打發夏姆斯，左手仍舊捧著書。

「你不會懂的！」賈拉魯丁輕蔑地回答著夏姆斯的問題。

突然間夏姆斯一把奪走賈拉魯丁手上的書，往清真寺前的水池裡一扔。

「你在做什麼！」賈拉魯丁氣急敗壞地叫了出來。

夏姆斯從水池裡拾起了書，還給了賈拉魯丁。賈拉魯丁吃驚地發現，這書一點也沒有浸濕。

「你是怎麼辦到的。」賈拉魯丁拉著夏姆斯破舊的羊毛袍子問。

「你不會懂的！」夏姆斯帶著似笑非笑的表情對賈拉魯丁說。

賈拉魯丁當下知道他遇到的絕不是普通人。他拜倒在地，將夏姆斯迎回他的宅邸之中。

II

賈拉魯丁出生於巴赫爾（Balkh），位置在今日的阿富汗境內。他的父親是當地富有名望的伊斯蘭學者，對於賈拉魯丁的教育非常注重，不僅教導他《古蘭經》與聖訓的學問，還延請教師教導他數學、科學與希臘語。

賈拉魯丁十二歲那年，為了躲避蒙古人帶來的殘酷戰事，賈拉魯丁的父親帶領整個家族離開了巴赫爾。經過了伊朗、埃及、聖城麥加、敘利亞，最後在安那托利亞的孔亞定居下來。旅途中，他的父親安排他與同族的年輕女子成婚，並生下兩個男孩。

在父親一路的細心栽培下，年方三十，賈拉魯丁已經成為當地著名的宗教學者與導師。

儘管賈拉魯丁擁有成群的弟子、美好的名聲、幸福的家庭、賢慧的妻子、寬裕的生活，但他的內心卻總有一股空虛與惶恐。

儘管他對《古蘭經》與聖訓是如此的熟悉；儘管他已經向許多的大師、隱士請益過神的奧祕；

儘管他可以在講堂中向他的弟子侃侃而談真主獨一性的意義；儘管他已經進行過無數次的禁食與徹夜的禱告，賈拉魯丁卻自覺未曾真正經歷過神。經文上的智慧已經不能再滿足他，賈拉魯丁渴望展開自己與神的對話。

夏姆斯的到來正開啟了賈拉魯丁屬靈的眼睛。

從相遇起，他們兩人經常好幾天不吃、不喝、不睡，一起坐在房中聆聽音樂、歌曲，並隨之起舞。

賈拉魯丁的弟子們詢問起夏姆斯的來歷。

賈拉魯丁告訴他們：「他不是穆斯林、不是基督徒、不是猶太教徒、不是印度教徒、不是佛教徒。他沒有起源的故事可說。他屬於被他愛的人，唯有他看過人與神的世界合而為一。」

夏姆斯並不教導賈拉魯丁經文上的知識，他要賈拉魯丁實實在在地感受真神。他舉「火焰」為例：

一個人可以透過他人的描述，大約知道火焰的樣子。他也可以透過實際的觀察，明白火焰的樣子。但這些都比不上實際被火焰所燒灼的感受來得深刻。

夏姆斯要賈拉魯丁竭力追求為神的烈火所燒灼的經歷。

III

一天，夏姆斯與賈拉魯丁在房裡，隔壁的金匠薩拉丁正在捶打金箔，夏姆斯要賈拉魯丁豎起耳朵貼在牆上聽個仔細。

聽著，聽著，賈拉魯丁笑了起來。他聽見了捶子呼喊著穆斯林的喚禮詞。

「真主至大、真主至大、真主至大……」

隨著金匠捶打的節奏，夏姆斯站起身來。他將雙手平舉，右手的手掌心向上，左手的手掌心朝向地面，頭部微微傾斜。隨著捶打的節奏，以身體為中心開始旋轉。

賈拉魯丁不明白這動作的用意，這動作看來像是小孩子們的遊戲。但在夏姆斯眼神的示意下，賈拉魯丁起身模仿起夏姆斯的旋轉動作。

一開始賈拉魯丁覺得極度暈眩，但夏姆斯絲毫沒有停止下來的意思，他也只能咬著牙硬撐。不知過了多久的時間，暈眩感消失了，疲憊消失了、地板消失了、牆也消失了，夏姆斯也消失了，連賈拉魯丁自己也消失了。只剩下神！合一的神！

兩人在房中足足轉了三十六個小時。弟子們擔心賈拉魯丁發生意外，卻發現走出房門的賈拉魯丁精神飽滿、眼中閃著神聖的光芒。

在遇見夏姆斯之前，賈拉魯丁只寫過些討論伊斯蘭教義的嚴肅文章，從未寫過韻文或是詩。

自從兩人相遇後，賈拉魯丁成了歷史上最為多產的蘇菲詩人。

賈拉魯丁寫下數千首的詩歌，獻給了他的尊師兼摯友夏姆斯。詩的長短不一，有些粗淺、有些晦澀。無不為憂傷的靈魂帶來歡愉，為朽壞的靈魂帶來醫治。

IV

夏姆斯與賈拉魯丁如此親密的關係無可避免地引起了忌妒。

在賈拉魯丁的弟子看來，夏姆斯只是一個糟老頭，一頭亂髮，老是穿著一襲破舊的羊毛袍子。他們完全無法理解，為何他們的恩師如此深愛這個老人。

特別是賈拉魯丁的小兒子安拉爾丁，一個高大壯碩如同公鹿般的青少年。他強烈地忌妒夏姆斯，憎恨他奪走了父親的愛。

夏姆斯來到孔亞的第四年，一個深秋的午後，安拉爾丁來到父親的房前。他聲稱有問題要請教夏姆斯，請求夏姆斯與他單獨到後院的柴房談話。

在後院，安拉爾丁拿出一把燻乾的花苞。他得意地告訴夏姆斯，他已經發現了他的祕密，他已經知道為何他的父親可以連續數天不睡，卻仍舊可以神采奕奕。為何他的父親遇到夏姆斯之後，便宣稱開始遇見神。

安拉爾丁前幾天在孔亞的街上，遇見一位來自東方阿富汗的商人。他向安拉爾丁推銷這些燻乾的花苞，並向他吹噓這種強力印度大麻的神奇功效。商人宣稱，吸食這種大麻後，分娩的婦女便不覺疼痛，結婚多年的夫妻得以享受新婚般徹夜不停的高潮，僧侶吸食後每次禱告都可以見到神明。

當夜，安拉爾丁自己試了一捲這種大麻菸。

年輕的安拉爾丁見到真主所預備的天堂，天堂的花園裡充滿清純可人的處女，他與她們交歡，交歡後這些女子又再度回復到處女的狀態。

清醒後的安拉爾丁見到自己褲襠裡一蹋糊塗的狀況，他覺得羞愧、噁心，他向真主發誓絕不再使用這大麻。同時也懷疑他的父親正是被同樣的東西所控制著。然而第二天夜裡，安拉爾丁又再度忍耐不住，將乾燥的大麻捲成煙捲，享受起天堂般的喜悅。

安拉爾丁喚出夏姆斯的前一夜，他才享受過雙倍份量的強力大麻，他深信這強力大麻正是夏姆斯的祕密。

面對安拉爾丁的質疑，夏姆斯拿起了些安拉爾丁手上的乾燥大麻仔細觀察，並深深地吸了一口它的氣味。這是來自興都庫什山北面山麓的印度大麻，他對這氣味再熟悉不過了。他很清楚，安拉爾丁太年輕了，絕對無法駕馭這種強力的植物。

他告訴安拉爾丁：「真主賦予哈希什（菸草的阿拉伯語）一種力量，讓品嘗者得以忘卻自我。

但不要以為每一種狂喜都一模一樣。」

安拉爾丁被激怒了，他要夏姆斯不要迴避他的問題。但夏姆斯卻不願再理睬他。當夏姆斯轉身打算走出柴房，安拉爾丁隨手拾起地上的一條麻繩，緊緊勒住夏姆斯的脖子，直到他的雙手緩緩垂下。

安拉爾丁慌張地將夏姆斯的屍體藏到一堆薪柴之間，回到自己的房裡，又狠狠地吸了好幾捲大麻。

第二天，賈拉魯丁開始詢問夏姆斯的下落。安拉爾丁告訴他的父親，夏姆斯顯然是不告而別了。賈拉魯丁著急地派出所有的家丁與弟子，到孔亞的大街上找尋夏姆斯的蹤跡，結果當然是一無所獲。

夜裡，安拉爾丁悄悄回到柴房，打算用驢子把夏姆斯的屍體運到附近的山上埋掉。安拉爾丁驚駭地發現，夏姆斯的屍體已經消失，只留下當初勒住他的那一條麻繩。

V

賈拉魯丁日夜期盼著夏姆斯回到他的身邊。

他在旅店外注視著每一個旅人的臉孔。他告訴旅人：「原諒我的無禮，我有一個朋友不見了。」

直到有一天，一個大馬士革來的商人告訴賈拉魯丁，他在大馬士革的大清真寺外遇見過一個年邁的托缽僧，這托缽僧能數日不吃、不喝、不睡，以迴轉的方式讚美真主，很像是賈拉魯丁所描述的夏姆斯。

賈拉魯丁立刻動身前往大馬士革，並果真在大清真寺外的羅馬拱門下找到了一位年長的托缽僧，那托缽僧正跳著如同夏姆斯一般的舞步。但這托缽僧不是賈拉魯丁要找的夏姆斯。這托缽僧比夏姆斯還要老得太多了，他甚至還是個法蘭西人。

由於他跟夏姆斯都跳著相同的迴旋舞，待老人旋轉了一天一夜後，賈拉魯丁立刻上前向他打探夏姆斯的消息。

老人仔細打量著賈拉魯丁後說：「夏姆斯為了他的永恆的弟子，畢竟還是失去了他的生命。」

賈拉魯丁聽出這話代表著夏姆斯已經不在人世，彷彿心中缺的那一角永遠補不起來了，不禁著急地流下淚來。

賈拉魯丁帶著老托缽僧回到位於古老直街上的旅店。他懇求老人告訴他多一些關於夏姆斯的事。

老托缽僧說了一個漫長的故事。

VI

從前在羅馬有個名叫菲利浦（Philip）的年輕醫師，但他不是個普通的醫師。菲利浦熱愛知識與冒險，他還是羅馬教宗亞歷山大三世的私人醫師。

西元一一七七年，教宗與日耳曼皇帝腓特烈一世的十七年戰爭才剛結束，教宗亞歷山大三世雖然辛苦地贏得勝利，整個歐洲卻被君權的皇帝與神權的教宗所撕裂。十字軍好不容易奪下的聖城耶路撒冷，當時在阿拉伯領袖薩拉丁的威脅下也岌岌可危。

當時歐洲謠傳著，耶穌不死的門徒約翰身兼皇帝與大祭司，以聖經的律例、戒命、典章、法度，在遙遠的東方建立起一個強大的基督教國度。

他治理的土地肥沃得難以想像，整個王國累積了驚人的財富。約翰王祭司的強大軍隊，甚至已經擊敗了塞爾柱土耳其的軍隊。要不是冬季的底格里斯河阻擋了軍隊繼續前進，約翰王祭司必然能夠收復整個安那托利亞。

教宗亞歷山大三世對於這樣的流言自然是半信半疑。他一方面期待約翰王祭司能為他鞏固聖地耶路撒冷，但又擔心約翰十二使徒的身分會奪走他教宗的寶座。

教宗決定寫一封文情並茂的書信給約翰王祭司，打探他的意向，並由他那通曉東方語言的私人醫師菲利浦擔任信差。

菲利浦在九月底由威尼斯出發。他先後裝扮成威尼斯商人與阿拉伯商人，經君士坦丁堡、耶路撒冷、巴格達等大城，最後進入波斯。

他在設拉子與伊斯法罕打探前往約翰王祭司王國的方式，但只得到莫衷一是的答案。有人告訴他在印度的確有個基督教王國，有人告訴他在北方大草原的東方盡頭有個勢力強大的新興王國，還有人認為他所說的約翰王祭司王國根本就是富裕的中國。

菲利浦繼續往北前進，來到了波斯的宗教大城庫姆（Qom）。當地是什葉派十二伊瑪目派在波斯的第二大聖地。西元九世紀，第八代伊瑪目阿里將他的妹妹葬於此地，她的陵寢迅速成為熱門的朝聖地。

菲利浦在當地的旅店住了幾週，向往來的朝聖者打探東方基督教王國的消息，卻沒有注意到自己成為了覬覦的對象。

一晚，在茶館裡，一個中年的旅者主動向菲利浦搭訕，他向菲利浦暗示，他知道前往東方基督教王國的方法。為了取信於他，中年人拿出了一只寬口的玻璃杯，宣稱是約翰王祭司賜給他的禮物。

當他將水倒入杯中，清水發出了美酒般的氣味，就如同聖經中耶穌基督在迦拿所行的奇蹟。中年人將杯子遞給菲利浦，他只喝一口後便不省人事。

VII

當菲利浦恢復意識，他發現自己被關在一間由石塊砌成的陰暗房間，光線由牆上一個加了鐵條的小窗進入房中。他急忙確認懷中的信件是否還在。但就如他所猜想的最壞情況，信件已經不翼而飛。

著急了幾個時辰後，在茶館遇見的中年人打開門進入了房裡。手上拿著教宗託付菲利浦的信封，但信封上的蠟封已經脫落。

中年人自稱第五代的「山中老人」，屬於伊斯蘭亦司馬因派（Ismail），而菲利浦當時正在他位於懸崖上的城堡阿拉木特（Alamut）。

菲利浦驚駭地要求山中老人歸還教宗的信件，並放他離去。

山中老人抖抖手中的信，以嘲笑般地語氣告訴菲利浦，他的任務將永遠無法完成，因為這世上根本沒有所謂的東方基督教王國，不死的使徒約翰其實是隱居在波斯的某個角落，一邊看守著所羅門王所囚禁的惡龍，一邊等待著審判日的來臨。

山中老人表示，早在菲利浦抵達聖城耶路撒冷，阿拉木特的密探已經開始監視他的行動，並打探著他的來歷。當菲利浦的背景資料送到山中老人手中，他便決定將邀請菲利浦成為阿拉木特的學者。在山中老人的偉大計畫中，一位精通拉丁文、希臘文、醫術、基督教與歐洲歷史的學者是不可或缺的。

山中老人領著菲利浦參觀了城堡的圖書館，裡面的藏書的規模連羅馬教廷的圖書館都比不上，恐怕還超越了古代埃及亞力山卓港圖書館藏書的數量。

山中老人走進一排書架，隨手拿下一本看來破舊的羊皮書，遞給了菲利普，一邊說：「一百多年來，歷代的山中老人從全世界收集了各式的書籍，以各種文字記載的書籍，阿拉伯文、波斯文、希臘文、拉丁文、亞美尼亞文、甚至是中文。內容關於了星象、建築、醫學、宗教、歷史。除了波斯人，這裡有來自亞力山卓、大馬士革、阿拉伯、亞美尼亞、亞塞拜然的各式學者，共同參與著這一個偉大的計畫。」

菲利浦翻了幾頁這本書，他認出來這書是以希臘文寫成的希波克拉底文集，希波克拉底是古希臘時代的醫學之父，但他的著作在科斯島圖書館被焚毀後已經不全，只有少數的片段流傳下來。菲利浦從來就不知道還有如此完整的希波克拉底文集留在這世上。

山中老人對菲利浦說：「基督徒的聖經上不是說：『敬畏耶和華是知識的開端。』（箴言一章七節）但那完全是可笑的錯誤。我們亦司馬因派則相信『知識是認識神的開端。』」

菲利浦生性熱愛知識與冒險，他無法拒絕山中老人那座浩瀚的圖書館。當晚，他住進山中老人為隱居在阿拉木特的學者所準備的舒適房間。就寢時，山中老人還為菲利浦送來了一名高加索美女，滿足他冒險的慾望。

VIII

在遇見夏姆斯之前，菲利浦已經在阿拉木特住了三十年。菲利浦十分滿意在阿拉木特的生活。他花了大量的時間沉浸在古籍裡，將一些西方世界早以為失傳的古希臘羅馬典籍翻譯為波斯文。他知道他的工作屬於一個龐大計畫中的一小部分。山中老人企圖建立一部縱貫全人類歷史的龐大作品。藉由縱觀歷史的全貌，發現當中神所留下的足跡。

因為菲利浦的醫師身分，他在阿拉木特還擁有一座自己的私人花圃。除了山中老人與菲利浦外，沒有任何人能進入這座花圃。這座花圃進行的是整個阿拉木特最為機密的研究。

這個研究延續著第一代的山中老人哈山瑟巴的祕密，一套利用印度大麻來控制年輕人的技術。

首先，山中老人將窮人家的小孩綁架或是哄騙到阿拉木特碉堡之中。他們被安置在簡陋的地牢之中，就像菲利浦剛被綁架時所待的房間。這些孩子會接受一些亦司馬因派的伊斯蘭教義，還有一些武藝的訓練，直到他們有能力成為刺客。

阿拉木特中有一座精心布置的廂房。當有任務需要刺客去執行時，被選中的刺客，他的飯菜中便被摻入印度大麻。等到晚上昏昏沉沉時，再由人抬入廂房之中。

清醒之後，他會發現自已身處於嬌媚處女之間，這些吸了大麻的年輕刺客在迷亂的廂房中裡，盡情地放縱他們身為男性最低俗的慾望，這是他們出生以來，想都沒有想過的享受。

他們享用的酒菜同樣被放入了大麻，等到再度昏睡過去之後，他們再度被送回簡陋的地牢之中。

這時，山中老人便會現身。他以先知的姿態告訴被挑選的刺客，阿拉已經將美好的天堂展現於他的眼前，為了是要鼓勵他完成阿拉託付的使命，剷除背叛伊斯蘭正道的叛徒。

而這些被行刺的「叛徒」，大多是當時伊斯蘭世界著名的政治家、軍事家。包括了塞爾柱土耳其的波斯首相，被稱為一代賢臣的倪贊卯穆。

這一套方法流傳了百年之後，第五代的山中老人對於傳統大麻的藥性已經不再滿足。他下令菲利浦研究如何培育更強力，效果更快速的大麻。並派人綁架經過阿拉木特山腳下的旅人，供菲利浦進行人體試驗。

經過了年復一年的栽種、生長、收成、烘焙、測試，菲利浦終於發現，以來自東方興都庫什山的大麻品種，在春天播種；夏天將大麻的雌雄蕊分離，除去雄蕊，留下未被授粉的雌蕊花苞；到了九月末，將整株大麻採收下來，以兩週的時間進行室內低溫烘焙，燻乾的大麻摘除莖、枯葉，只留下珍貴的花苞，這便是足以產生快速麻醉效果的強力大麻。

夏姆斯在二十五歲之時，由波斯西部的大不里士前往庫姆朝聖。途中遭到第六代山中老人的手下所綁架，成為強力大麻的第一批受測者之一，而他的反應也最為奇特。

夏姆斯出身於大不理士西北邊一座貧窮的小城何怡（Khoy），曾在大不里士的學堂中跟著教師學過幾年《古蘭經》，隨後以編織籃子維生，在大不里士市集中，以即興的歌曲與舞蹈招攬顧客。被強灌阿拉木特的強力大麻後，夏姆斯不斷地吟唱出歌頌愛情的歌曲，他的歌聲美妙，聽見的人莫不隨之起舞，他宣稱，真主以歌聲的型式在他體內流洩，使他不住地高唱出愛情的歌。

第六代的山中老人很喜歡容貌俊美的夏姆斯，他以強力大麻綑綁夏姆斯的身心，有時甚至會與夏姆斯一起在房內品嘗菲利浦所開發的新式大麻，兩人徹夜在房內歌唱與跳舞。

山中老人命人傳授夏姆斯各種偽裝、隱藏、格鬥、麻痺、下毒的技巧，將他培養為新一代的刺客。菲利浦則教導他圖書館內所蒐羅到的各式知識，與各種宗教的教義。

夏姆斯對於綁架、暗殺的惡行並不認同。他並非沒有起過逃離阿拉木特的念頭。但他沉浸在吸食大麻後所帶來的美妙感覺。為了那一刻，他可以付出任何的代價。

IX

西元一二二一年夏天，山中老人的探子傳來了令人難以置信的消息。波斯的東方鄰國花刺子模，遭到來自東方蒙古草原部落的攻擊，在短短數個月之內，不花刺、麻里兀、玉龍傑赤等幾座大城都遭到毀滅性的摧毀。按探子的估算，蒙古人在不花刺屠殺了十萬人，麻里兀屠殺了一百三十萬人，玉龍傑赤一百萬人。整個花剌子模國境瀰漫著消散不去的屍臭，彷彿成了一座巨大的屠宰場。

探子告訴山中老人，蒙古人旗幟上的圖案看來像是飛鷹，但更像是變形的十字架。這使山中老人回想起當年菲利浦受託要帶給約翰王祭司的信件。也許東方的基督教王國並不全然無稽，山中老人必須儘快弄清楚這一點，因為蒙古人的軍隊已經離阿拉木特不遠了。

山中老人得知，蒙古人的領袖成吉思汗當時正在花剌子模的新都撒馬爾罕，準備發動新一波的西行攻勢。山中老人決定讓菲利浦帶著教宗的信件，完成他四十年前未完的旅程。倘若菲利浦得不到機會面見成吉思汗，隨行的夏姆斯則伺機觀察有無警告成吉思汗的機會。就如同當年第五代山中老人對阿拉伯之王薩拉丁所作的那般。

當年薩拉丁親自率領三萬大軍，圍攻山中老人在敘利亞的穆斯雅夫城。發動攻擊的前一夜，山中老人派遣刺客在薩拉丁的床頭留下字條，上面寫著「你的命在我手中」。嚇得薩拉丁第二天連忙撤軍，從此不再與山中老人為敵。

已經是六十多歲老人的菲利浦與三十五歲的夏姆斯，兩人帶著教宗的信件與大批獻給蒙古可汗的珠寶上路。為了防範兩人一去不回，山中老人僅僅允許兩人攜帶少數大麻在身邊。

一二二一年冬季，兩人渡過了中亞的第一長河阿姆河（Amu Darya），抵達花剌子模的首都撒馬爾罕。過去車聲轆轆的黃土大道，因著蒙古軍隊的殺戮而死寂一片。城內的市集雖已重新運作，過去人聲鼎沸的景象卻不復見。

兩人開始打探面見成吉思汗的方法，但始終徒勞無功。連成吉思汗的行蹤也絲毫沒有頭緒。菲利浦賄賂了不少蒙古官員，終於得到面見成吉思汗心腹耶律楚才的機會。

然而，學佛的耶律楚材，對於羅馬教宗親筆致約翰王祭司的信件，反應極為冷淡，僅表示會收下禮物，但拒絕收下教宗的信件。

耶律楚材明確告訴菲利浦，成吉思汗並不是約翰王祭司，成吉思汗信奉的乃是最高主宰「長生天」，成吉思汗乃是上天派遣的使者，懲罰世間的不信者與偽信者。成吉思汗對於猶太教徒、祆教徒、穆斯林、基督徒、佛教徒的態度都是一樣，並不認為任何一個宗教高過其他宗教。

X

一個月亮被烏雲遮住的夜裡。夏姆斯換上了一套向蒙古士兵買來的軍裝，翻過六公尺高的圍牆，潛入撒馬爾罕的宮殿。這座宮殿是花剌子模蘇丹在蒙古入侵前下令興建的新皇宮，規模宏大，氣勢不凡，夏姆斯料想成吉思汗必定住在其中。

按一般宮殿的設計，蘇丹與妃子的起居室都會在宮殿的最後方，前殿則用以接待賓客，或是與大臣召開會議，夏姆斯因此決定由後殿潛入。然而觀察一陣後，他發現看守的士兵並不如想像中來得多，讓他的心裡覺得有些納悶。

正當夏姆斯匍匐著貼著牆邊，打算透過雕花的木窗格，窺探一間仍亮著燭光的房間之際，一隻手卻突然無聲無息地搭在他的肩上。

夏姆斯驚嚇得失了魂。他自認極為注意四周的動靜，確定沒有聽見任何靠近的腳步聲，唯一看守的士兵也還在十幾公尺外的距離。除非是精靈或是鬼魅，否則如何能如此毫無聲息。

按阿拉木特所訓練出的直覺反應，夏姆斯以手中的匕首猛回身一刺。這一刺不但落空，手肘附近的一條經脈同時遭到點中，那感覺猶如遭堅硬的鐵棍刺中，夏姆斯的手臂立刻痠軟無力，匕首落到地面草地上，所幸未發出什麼響聲。

隨後，夏姆斯身上又有幾處遭到擊中，隨即全身癱軟，無法站立。黑暗中，出手者抓住夏姆斯身上的蒙古皮甲，迅速地一把將他拎起，竄入夏姆斯所窺探的房間之中。

憑著房中的燭光，夏姆斯見到拎著他的居然是位白眉鳳眼的中國老人，頭髮挽在頭頂，長長的鬍子又白、又直，身上青色的寬大袍子則是夏姆斯從未見過的樣式。

老人用夏姆斯聽不懂的語言詢問了夏姆斯幾個問題，但夏姆斯只能直搖頭。見溝通毫無進展，老人找來了一條粗麻繩，將夏姆斯牢牢綑了起來，扛上了床，用被子遮掩了起來。

夏姆斯從未料想到，會在撒馬爾罕皇宮遇上一位身懷絕世武藝的中國老人，老人又為何不將他交給在皇宮守衛的蒙古士兵，他反覆思索卻毫無頭緒。想使勁掙脫麻繩，這麻繩卻又綁得極為牢固。

最後，夏姆斯終於不敵一夜的疲憊而昏昏睡去。

XI

夏姆斯從睡夢中被搖醒，睜眼一看，正是那中國老人。夏姆斯不知道自己睡了多久，只知道四肢因為長時間的綑綁而麻木得難受。

老人身後站著一個中年男子，雖然是中國人面容，卻穿著蒙古文官的服裝，日後夏姆斯知道，他是投降於蒙古的金國文官劉溫，是成吉思汗重要的謀士。

劉溫見夏姆斯已經清醒，便以蒙古語詢問他的身分。見夏姆斯仍是不懂，便改以穆斯林通用的阿拉伯文。

夏姆斯僅回答了姓名後，毒癮驟然發作，全身抽搐，口吐白沫，並在地上打滾。劉溫一時不知如何處理，老人一步上前，一把便扯斷了夏姆斯身上的麻繩，再度點了夏姆斯身上的幾處穴道，止住夏姆斯的抽搐。

老人將食指與中指搭在夏姆斯的左手脈搏上，臉上露出了不解的表情。他將夏姆斯抬坐在床上，將右手掌搭在夏姆斯的胸前，夏姆斯感覺到一股熱氣由胸口流至肚臍下方匯聚。

隨著熱氣越聚越多，他感到胃部發脹、發熱，隨後一團腥臭的黑色穢物由口中吐出。嘔吐了幾回後，熱氣緩緩運行到四肢、腦門，繞過背脊、會陰再回到肚臍下方，夏姆斯全身感受到從未經歷的清爽，禁不住口中吐出了「啊」的一聲嘆息。老人也將手掌由夏姆斯胸前移去。

夏姆斯認定這中國老人必然是神人，顧不得吐了滿身的穢物，立刻伏在老人身前叩謝，老人微笑輕輕扶他起身。

透過劉溫的翻譯，原來老人是成吉思汗由遙遠的中國山東迎來的全真教掌門人長春真人丘處機。

待劉溫取來一套乾淨的衣物讓他換上，夏姆斯便將他是如何被山中老人所擄、餵毒、受訓，以及奉命與菲利浦帶著教宗密信求見成吉思汗的故事，一五一十透過劉溫告訴了丘處機。

當夜，為了確認夏姆斯的供詞，長春真人的弟子李志常按著夏姆斯所說的旅店位置，綑來了菲利浦。菲利浦同樣因為毒癮發作而痛苦難耐。李志常按著師父的方式，為菲利浦逼出了體內累積的大麻毒。事後，菲利浦做了與夏姆斯類似的供詞。

長春真人應成吉思汗之邀於一二二一年冬天抵達撒馬爾罕城。當時成吉思汗正在興都庫什山冰封的山谷之間剿滅花剌子模的殘存勢力，根本就不在撒馬爾罕城中。並且成吉思汗與一般蒙古人一樣，不愛住宮殿，只住木條與氈帳搭建的蒙古包。當時撒馬爾罕的總督耶律阿海為了討好真人，才將宮殿特別讓給全真教一行人作為下榻的處所。

劉遛知道，篤信佛教的耶律楚材對於成吉思汗偏愛全真教頗為忌妒，擔心耶律楚材會暗中傷害丘處機，對於真人的起居飲食都十分注意。夏姆斯潛入的當夜，丘處機懷疑夏姆斯是耶律楚材所派來的殺手，所以才沒有將他送給蒙古的官兵。

審問完了兩人，真人派人拿了點盤纏，打算讓兩人回去波斯。這時夏姆斯卻是如何都不肯回到阿拉木特。

他很清楚山中老人必然不會放過任務失敗的兩人。另一方面，他認為丘處機無疑是得到了某種神祕的法術，才會擁有如此大的能力，他願意終身為奴，好留在真人的身邊學習。

劉遛本人精通草藥醫術，因此對於曾經是羅馬教宗醫師的菲利浦頗有興趣。他極力說服真人，讓兩人充當僕役留在身邊，一方面可以藉兩人了解阿拉木特的虛實。另一方面劉遛也可以藉菲利浦了解西方醫學的技術。

XII

丘處機指派最為年長的弟子尹志平指點夏姆斯。偶有毒癮發作的徵兆，就由尹志平為他排出體內的大麻毒素。尹志平讓他學習打坐、練氣，介紹他簡單的陰陽學說，但是對於武藝則是絕不傳授半分。

真人與弟子們的飲食十分清淡，每日僅進食少量的新鮮蔬果，肉類與酒則絕對不碰。夏姆斯雖不習慣，幾個月下來，腳部變得輕盈，精神也變好，對於吃肉的慾望也消失了。

讓夏姆斯真正覺得不習慣的部分是靜坐吐納的功夫。波斯人熱愛音樂與舞蹈。尹志平教他端身正坐，關注於呼吸，但夏姆斯只覺得雙腿痠麻，全身搔癢。學了半年下來仍沒有多少進步。他私下向其他弟子請教，得到的答案都是要他忍耐。

夏姆斯過去抽完大麻，能藉由舞蹈到達出神的境界，迷幻之中彷彿能與神相見。如今毒癮雖解，但卻再無法進入出神的境界。他明瞭真人能透過靜坐吐納達到更高的境界，但他自己卻是連起頭都感到困難。

到了第二年的夏天，剿滅花剌子模的戰事告一段落。成吉思汗首度召見丘處機，前往位於興都庫什山西北的行宮。

六十二歲的成吉思汗，當時已經是統治由中亞到中國北方的霸主，他擔憂著自己能夠享受這片江山的日子已經無多。他毫不掩飾地要求真人能夠提供他「長生之藥」。

真人卻直接告訴大汗：「有衛生之道，而無常生之藥。」

同年的秋天，大汗三度召見真人講道。真人的論道讓大汗大為折服，他稱丘處機為「神仙」，並下令全國境內全真教的道士都可以免繳賦稅。

當時丘處機所講的內容，由耶律楚材收錄在《玄風慶會錄》一書中。由於耶律楚材擔憂全真教勢力過盛，僅僅記載關於真人力勸大汗減少女色與口腹之慾的部分。究竟真人所講何事，讓成吉思汗能折服於一個中國道士，耶律楚材則是隻字未提。

丘處機見大汗雖對他極為敬重，但目的僅是為求延續自己的性命，對於殺戮一事的興趣卻仍是不減。失望之餘，在第三年的春天向大汗辭行，帶著十六名弟子回到中國。

離開撒馬爾罕前，丘處機特別告訴夏姆斯，當年全真教的開山祖師王重陽四十七歲巧遇神仙，在終南山下建「活死人墓」，整整苦思了數年才想出了一套結合道家、儒家與禪宗的修行方式。

這套方式適合中國人，但是未必適合波斯人，夏姆斯大可以尋求自己修行的方式，只要心中記得學道的目標就是「天人合一」，若他能真實體察到「天」的永恆與無限，身體的素質與智慧也能達到過於常人的境界。

丘處機由懷中取出當年由夏姆斯手中奪下的匕首，以指力在刀的木柄上作圖，只見木屑簌簌不斷落下。待夏姆斯拿到手中，只見到刀柄上多了一個圓形的太極圖案。夏姆斯知道，這是真人特別點撥他修行遇到的困境。感謝了真人後，夏姆斯與菲利浦往西行回到了波斯。

XIII

兩人考量許久後，最後決定回到夏姆斯的故鄉，大不里士西北邊的何怡。何怡位於波斯境內最大的鹽湖爾米亞湖 (Lake Urmia) 的北岸，湖中有百餘個岩石小島。因為鹽湖析出的鹽分，每一座小島都有著純白無瑕的鹽灘。

因為湖水過鹹，沒有任何的魚類可以在爾米亞湖中存活。湖中只出產一種指尖大小的蝦子。每年冬季，由北方飛來的紅鶴、琵鷺、朱鷺、鸛、野鴨、海鷗棲息在此地，並以蝦子為食。

兩人選中了當中的一座小島，仿效全真教祖師爺王重陽的「活死人墓」，在島上掘了一個三公尺深的穴，在裡面過著隱士的生活。

在島上，夏姆斯終日觀察島上花草的榮枯；日月星辰周而復始的變化；候鳥們年復一年的造訪與離去。他體會到，神的事情，自從造天地以來，神已經顯明，藉著神所造之物就可以曉得；神，是一個完美的整體，也正是長春真人所說的「天」。不需要戒命、不需要知識，當人能愛主所造的一切生命，也就能從這合一的愛中找到神，覺察神無所不在的慈愛。

十八年後的一個春天早晨，夏姆斯站在湖邊的白色鹽灘上，望著一如往常的藍天。不尋常的是，沒有任何一隻候鳥在天空飛翔。

高天之頂，只有一隻巨大的鷹無聲地、緩慢地、穩定的，繞著圓形的路線翱翔，一圈又一圈。上千隻的各式候鳥不敢在大鷹的面前造次，不是站在岸邊，就是在湖水之上，連翅膀都不敢拍動一下。

身後的菲利浦讚嘆地說：「傳說中的神鳥西穆如出現了。」

陽光沐浴在夏姆斯的身上，那體內積蓄已久的力量到達了臨界。他回身對菲利浦說：「讓我們像西穆如一樣跳舞吧。」

夏姆斯將雙手平舉，右手的手掌心向上，左手的手掌心朝向地面，象徵著陰陽兩極；頭部微微傾斜，彷彿傾聽著神由天上降下的話語；以脊柱通過會陰的軸線為中心，身體保持正直不住旋轉，猶如運行不息的太極。

隨著一圈又一圈的舞蹈，不需要透過大麻，在舞蹈中，夏姆斯的靈魂再度與至高的神相會，宛如沐浴在神的愛與恩典之中。

舞蹈結束後，夏姆斯告訴菲利浦，該是離開島上的時候了。他們兩人都衰老了，他要儘速將這些年領悟出的道理，傳授給他未曾謀面的弟子。

離開爾米亞湖後，兩人同行了幾個月，來到了敘利亞的大馬士革。在當地，夏姆斯聽說在孔亞有一位睿智的年輕學者，於是決定前往拜訪。他與菲利浦相約，「六年後，在活死人墓前相會，如果我還沒有失去我的頭。」

XIV

老托缽僧告訴賈拉魯丁，他的故事就說到這裡。

賈拉魯丁猜想他眼前的托缽僧正是故事裡的菲利浦醫師。他懇求菲利浦帶他到夏姆斯的故鄉何怡。賈拉魯丁懷抱著一絲希望，也許夏姆斯此時已經回到小島之上。

兩人騎著驢子來到白色的爾米亞湖畔。賈拉魯丁買了艘舊舢舨，按著菲利浦的指示划向當年夏姆斯與菲利浦隱居的小島。

上岸後，菲利浦指著岸邊一顆巨大的白色岩石，示意活死人墓就在那裡。

事實上，不光是巨石，這整座島的一切都是純粹的白色。賈拉魯丁快步走到巨石下，卻找不到任何洞穴的入口。他回頭想問菲利浦，卻發現菲利浦已經不見蹤影，但舢舨還停靠在岸邊。

他焦急地呼喊著菲利浦，回應的只有海鷗呀呀的叫聲，與湖水沖刷鹽灘所發出的刷刷聲。

烈日下，賈拉魯丁踩著粗糙白色的鹽粒，走遍島上各個角落。一路上沒有任何可以住人的洞穴，也沒有任何人類居住過所留下的痕跡，他開始懷疑老托缽僧所說的故事。到了黃昏，賈拉魯丁又走回了舢舨旁。

夜裡，他倚在白色的巨石下望著星空，回想著夏姆斯與他的相遇，以及那老托缽僧所說的故事。一個微弱聲音突然出現在他的耳際。這聲音聽來不像候鳥的聲音，不像是湖水拍打鹽灘的聲音，不像是老托缽僧菲利浦的聲音，倒有點像是金匠捶打金箔的聲音，更像是喚禮塔上發出的叫拜聲。

賈拉魯丁起身，隨著這聲音開始旋轉，平舉著手，頭部微微靠在右肩，腳步輕快地踏著圓形的軌跡。

耳邊的那個聲音吟唱起詩歌，「何必尋找夏姆斯呢，夏姆斯就像是火折，而賈拉魯丁是一座灌飽的油燈，當兩人合而為一，油燈便開始劇烈地燃燒。賈拉魯丁就是夏姆斯，夏姆斯就是賈拉魯丁。」

賈拉魯丁的舞一直持續到天明。

癱倒在白色鹽灘上的賈拉魯丁想起多年前夏姆斯告訴他的一個故事。

一個死後的靈魂敲了神的門。

「是誰哪？」神問。

「是我。」那人回答。

「你走開吧。」神說。

那靈魂離開後在荒野徘徊，直到明白了他犯下的錯誤。

於是他回到神的門前再度的敲門。

「是誰哪？」神問。

「是你。」那人回答。

「請進吧。」神說。

「這裡容不下兩個人的位子。」

賈拉魯丁獨自回到了孔亞，繼續帶領更多的弟子迴旋。八百年後的今天，他的門徒們仍然在土耳其與波斯各地迴旋不止。

住宿便利貼：

Chods Hotel

我們住宿的那幾天，大不里士正在舉辦書展，只剩下正在整修的這間旅館還有空房，房間乾淨、有電視，徒步至著名的大不里士市集約十五分鐘。雙人房一晚四十五美金。

Tel: +98 411 555 0898

交通便利貼：

由伊朗西北部大城大不里士到爾米亞湖車程約兩小時，建議可以在大不里士透過NASSER KHAN包車，一日約九十美金。

Tel: +98 411 553 6594

amicodelmondo@yahoo.com

Chapter 6
孫丹尼牙

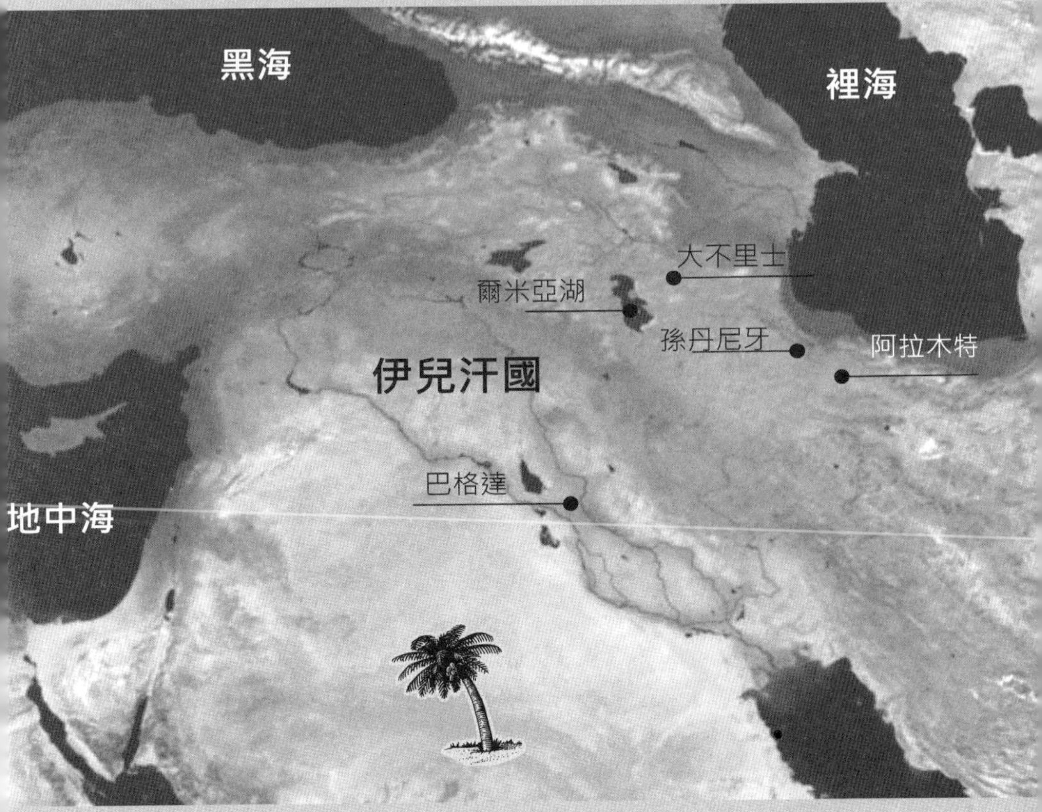

孫丹尼牙（Soltaniyeh）：

字面的意思是「蘇丹之城」，目前是人口僅五千人的小鎮，在十三世紀末時曾經是伊兒汗國的首都。孫丹尼牙的圓頂清真寺是目前保存最完整的伊兒汗國建築。西元一三一二年，圓頂清真寺在宰相拉施特任內完工，成為世界上第三大，也是亞洲第一大的圓頂建築，於二〇〇五年入選世界文化遺產。

伊兒汗國的第八任君主完者都葬於圓頂清真寺。完者都的母親兀魯克哈敦是聶斯妥里教徒，他本人早年以尼古拉斯之名接受洗禮，後來改信什葉派伊斯蘭教。

孫丹尼牙於一三八四年被帖木兒的軍隊所夷平，從此未能恢復往日的繁榮。

I

拉施特是伊兒汗國的兩朝宰相。拉施特這個字在阿拉伯語中，代表聰明與智慧。拉施特本人也沒有辜負這個名字，他對知識有著超乎常人的熱愛，他的一生致力追求主宰宇宙萬物運行的科學、人類浩瀚的歷史，還有富可敵國的財富。

拉施特的祖父剌亦撒原是位猶太醫生，年輕時被山中老人綁架到阿拉木特，成為法蘭西醫師菲利浦的助手。當菲利浦帶著給約翰王祭司的信，離開阿拉木特並消失無蹤後，剌亦撒便成為了山中老人的御醫。

拉施特的老師火者納息，原是阿拉木特的宰相，同時也是當時波斯最富智慧的智者。最後一代的山中老人忽兒沙（Rukn ad-Din Khurshah）是個狡猾又陰晴不定的領袖。他擔心日漸強大的蒙古人總有一天會跨過阿姆河來到他的地盤波斯，於是派遣阿拉木特最精銳的刺客，企圖暗殺在忽里臺大會中被推選為蒙古大汗的蒙哥。

刺客的身分被蒙哥的護衛識破，刺殺的行動因而失敗。憤怒的蒙哥大汗命他的六弟旭烈兀領兵十萬，西征波斯，也就是後世所稱的第三次蒙古西征。

旭烈兀的軍隊首先試圖圍攻山中老人在波斯各地的山寨。因為山中老人的堡壘都位於地勢險惡之處，一時蒙古的軍隊也強攻不下。

圍城的龐大壓力讓山中老人忽兒沙變得更加暴虐，對於任何他起了疑心的手下，都毫不留情地殺害。

火者納息與刺亦撒眼見蒙古軍隊的數量龐大，又有來自中國的火藥與攻城巨矛等新式武器，私下認為阿拉木特被攻下只是遲早的問題。兩人對於暴虐的忽兒沙毫無好感，他們無意為山中老人而死。趁著一個沒有月亮的黑夜，兩人帶著家眷，包括當時年僅十歲的拉施特，由阿拉木特的地底祕道逃出阿拉木特，並隨即投靠旭烈兀陣中。

火者納息獻上了阿拉木特的地圖，為蒙古軍隊指出堡壘防禦最弱之處。旭烈兀手下的中國工兵在地道內埋設炸藥，將城牆炸出一道缺口，讓蒙古軍隊攻入碉堡。一百七十年來，從未被攻破的阿拉木特，終於在西元一二五六年落入了蒙古人的手中。

末代山中老人忽兒沙被俘虜後，旭烈兀不但沒有處決他，反倒賜給他蒙古女子為妻。因為當時在波斯與敘利亞，還有好幾座類似阿拉木特的堡壘尚未攻下。山中老人的信徒中，許多是被毒品與宗教控制的頑固分子，寧可戰死也不願意投降。

旭烈兀押著山中老人，帶著阿拉木特的印信，前往波斯各地尚未被攻下的堡壘。由山中老人親自下令，要求他的信徒獻城投降。旭烈兀得以輕鬆瓦解殘存的山中老人勢力。

II

西元一二五七年的春天，波斯境內所有的山中老人據點都已經投降。山中老人自知性命即將不保，便請求旭烈兀讓他面見蒙古的最高領袖蒙哥大汗。

山中老人允諾，若能見到蒙哥大汗，將親自獻上三樣大禮：一部記載人類由古至今全部歷史的史書；一個能讓蒙古軍隊跨越地中海，到達西班牙的純金希伯來星盤；一帖長生不死藥方，來自耶穌不死的門徒約翰。

旭烈兀的母親唆魯禾帖尼是基督徒，因此旭烈兀聽過耶穌門徒約翰的名字。旭烈兀半信半疑地派兵押解山中老人前往蒙古的首都哈拉和林，並派遣信差詢問蒙哥大汗的意見。

當押解山中老人的隊伍行至喀喇崑崙山，信差帶回了蒙哥大汗的回覆。

曾被山中老人暗殺的蒙哥大汗顯然餘怒未消。蒙哥認為山中老人藉史書來嘲笑蒙古人沒有文字歷史。蒙古人不善海戰，因此不需要羅盤。至於不死藥方，蒙哥要求山中老人，先證明他自己是否擁有不死之身。

押解山中老人的蒙古軍官得到命令後，想出了一個殘酷的實驗。他命手下以亂馬踏過綁在沙地上的山中老人，來測試那所謂的不死能力。

奇蹟果然沒有發生，末代山中老人被馬蹄踏成肉泥，原本山中老人打算獻上的史書遭到焚毀，純金的星盤由旭烈兀賞賜給了押解的軍官。

山中老人死後，旭烈兀下令，將所有山寨的城牆拆毀。居住在各山寨的信徒，無論男女老幼，一律屠殺。位於阿拉木特的大圖書館以火焚盡。

當時在旭烈兀帳中擔任謀士的火者納息得知了消息，連忙與拉施特的祖父剌亦撒湊齊了一萬第納爾，買通了執行焚毀命令的蒙古軍官。在大圖書館被焚毀前，連夜將部分的書籍搶救出阿拉木特。

在印刷術尚未傳播到到波斯的那個時代，所有的書籍只能藉人力的謄寫來複製。歷代山中老人從歐洲、阿拉伯、印度與中國所收集來的藏書，許多已經是當代僅存的珍貴古籍，一二五七年春天在阿拉木特的那一把火，讓許多古代學者的智慧，永遠消失於這個世間。

III

自成吉思汗統一蒙古各族，到西元一二五六年旭烈兀在波斯建立伊兒汗國，蒙古帝國獲取財富的方式，就是不斷地掠奪各地的城市與農民。蒙古軍隊掠奪他國累積數百年的財富，奴役辛苦耕耘的農民，蒙古的軍隊拆毀了城牆，摧毀灌溉系統，將農地變成放牧的草原，蒙古的軍隊吃光了農民的糧食與播種的種子。

在戰事順利之際，蒙古帝國的確可以靠著掠奪新的城市，奴役新一批的農民，來維繫整個帝國的運作。然而，自旭烈兀汗逝世之後，蒙古的西征就再也未曾取得顯著的勝利。

失去掠奪而來的戰利品，伊兒汗國的國庫收入一年不如一年，僅能夠靠著與中國還有歐洲的貿易稅收，來稍微彌補農業稅收的不足。

為了持續應付蒙古貴族驕奢的生活，與數量龐大的軍隊，伊兒汗國第五代汗王海合都效法元朝發行紙鈔。他下令，在汗國內，任何人使用傳統的錢幣交易，一經查獲，一律處斬。

蓋有皇印的紙鈔，得不到大不里士商人的信任。市集的鋪子空空蕩蕩，城市的居民買不到食物，只能逃往郊外找尋可食的水果或是堅果。農人寧願以物易物，也不願意接受紙鈔。

汗王海合都的紙鈔政策進一步摧毀了汗國的經濟，導致蒙古貴族發動叛變。海合都在征討叛軍的途中被俘，遭叛軍以弓弦絞死。

合贊（Ghazan）是旭烈兀的曾孫，當時擔任波斯呼羅珊省的總督。他舉兵敉平了叛變，在一二九五年登上伊兒汗國的王位。當時年僅二十四歲的合贊雖然年輕，卻滿有理想，他一心想讓伊兒汗國重回到旭烈兀時代的榮耀。

合贊登基後，丞相哈利底向合贊大力推薦當時在朝中擔任財政官員兼御醫的拉施特。一個夏夜裡，合贊來到拉施特位於大不里士的家中，親自向這位智者請教，如何挽救伊兒汗國面臨崩潰的經濟。

拉施特誠懇地握住了合贊的手解釋，農民與商人是支撐國家這座大帳的繩釘，釘子結實，大帳才能支撐得住。伊兒汗國的困境，正是農民與商人遭忽視與惡意剝削的結果。

在伊兒汗國，每戶平民必須供養一位蒙古軍人。這些不再打勝仗的蒙古軍人，平日就住宿於農家之中，他們恣意增加農民需要上繳的糧食數額，玷污農民的妻女，使得已經處於赤貧狀態的農民們更加痛苦。

拉施特力勸汗王，只要重新恢復以傳統貨幣進行交易；重建農業地區的灌溉系統；廢止軍人住宿民家；減少農民賦稅的負擔，汗國的財政一定能有顯著的改善。

深夜拜會後的第二日，合贊汗宣布將拉施特升為主管財政的副宰相，賦予他重建貨幣與賦稅制度的使命。

在合贊汗的支持下，拉施特的改革迅速見到了成效。大城市的市集再度堆滿了商品，農人也回到田地耕作，國庫再度流入各地上繳的金銀幣。

因著成功推動經濟改革，挽救了汗國頻臨崩潰的財政，拉施特在合贊登基後的第三年被拔擢為宰相。

然而，對於拉施特來說，他的目標不僅止於改革伊兒汗國的經濟。他的夢想是將伊兒汗國打造成為一個以造物主智慧運行的國度。

拉施特相信，神的律法不是記載在經文之中，而是透過萬物運行之道，默示給了人類。科學就是上帝的思想、上帝的智慧。瞭解這世界的運行的智慧，進而運用這智慧，便可將人間打造成為天堂。人民不再面臨飢餓、貧窮、恐懼、不安的禍患。

IV

年輕的合贊汗對於拉施特的智慧與擁有的知識十分折服。他聽從拉施特的建議，在汗國內進行了許多前所未聞的改革。這些改革措施看來古怪且有趣，但拉施特向合贊汗保證的成效，則是一件都不落空。

為了繁榮汗國的農業，拉施特在舊都大不里士的附近重建了五座荒廢的村落。每一個村子安置二十名男奴與二十名女奴。這些農奴分別購自五個不同的地區：高加索的喬治亞、安那托利亞的庫德山區、東地中海的希臘、非洲的伊索匹亞與坦桑尼亞。村莊則以這些農奴出身的地區命名。農奴們按著拉施特的命令，耕作五種不同的農作物。分別是由喬治亞人種植榛果，庫德族人種植小麥，希臘人種植橄欖，伊索匹亞人種植咖啡，坦桑尼亞人種植棉花。

這些農作物都是來自於他們家鄉的重要作物，因此農奴們對耕作這些作物的方式已經具有一定程度的熟悉。拉施特教授他們選種與雜交的方式，來培育最適合波斯氣候與土壤的品種，並將挑選出的種子由官員分送到各地推廣種植。

拉施特又購買了兩百名面貌清秀、口齒伶俐的奴隸，分別來自印度、伊索匹亞、庫德、亞美尼亞與希臘。拉施特將他們集中施以為期一年的訓練，教授他們語文與商品的知識。結訓後，這些奴隸加入貿易商隊，前往中國、印度、歐洲、北非等地進行貿易。

按照日後拉施特的估算，這些受過訓練的奴隸，每人每年為伊兒汗國帶來高達一萬第納爾的貿易收入。

在舊都大不里士，拉施特還規畫了全新的城中之城，稱之為拉施特鎮。寬大的街道上有供商隊住宿的旅館、各式工匠的作坊、供給食物的磨坊、醫師人數超過五十人的大型醫院、高達四百名學者與一千名學生的學校。

憑藉著商旅與農莊所迅速累積的財富，在拉施特鎮做研究的學者都由拉施特供養，學生來此學習也無需負擔學費。學者們所研究與翻譯的各國書籍，全數來自拉施特的個人收藏。

拉施特的藏書，多達十餘萬冊，許多是拉施特的老師火者納息在旭烈兀下令焚毀阿拉木特的大圖書館前，從阿拉木特所搶救出的古籍。火者納息逝世後，由拉施特收藏於大不里士的拉施特鎮，為學者所進行的研究提供了珍貴的資料。

V

拉施特在改善財政上的巨大成功，讓他備受合贊的信任，合贊私下向拉施特請教困擾他許久的宗教問題。

封齋的一個月前，合贊汗祕密召喚拉施特到位於大不里士的金帳之中。

伊斯蘭曆九月，又稱齋月，是十二個月份中穆斯林最為看重的一個月份。這個月份是真主降下《古蘭經》給先知穆罕默德的月份。齋月當中，從日出到日落的時刻，除了孕婦、孩童、病患與旅行者之外，所有穆斯林都必須遵守不吃不喝的戒律。合贊汗之前的伊兒汗國汗王，多半信奉基督教或是佛教，對於穆斯林所重視的齋月，採取不禁止亦不鼓勵的態度。

當時合贊汗心裡所想的是，他的百姓多半信仰伊斯蘭，眾多的行政官員信奉的也是伊斯蘭。

蒙古人過去靠武力，可以在戰場上輕易擊敗穆斯林軍隊；但若要長久統治穆斯林百姓，獲得人民堅定不移的支持，那麼改信伊斯蘭絕對是一個明智的選擇。

合贊汗知道拉施特雖然是猶太人，但也改信了伊斯蘭，成為一個熱誠的蘇菲派教徒，至少是表面上看起來的那樣。合贊汗很想聽聽拉施特對於改信伊斯蘭的看法。

「賢明的君王，感謝您詢問我這個問題，但我必須請求您原諒我稍後無禮的問題。」拉施特說。

合贊汗坐在一張小床上，穿著一件海豹皮製成的袍子，他點點頭表示同意。

「請問汗王是否到過天堂？知道真主的樣子？」

「沒有。」合贊汗搖搖頭。「那愛卿曾見過真主的樣子嗎？」合贊汗反問。

「古代睿智的所羅門王曾寫下：『神造萬物，各按時期成為美好，又將永生安置在世人心裡。然而，神從始至終的作為，人不能參透。』人雖不能參透神，卻能從這宇宙運行的自然法則見到神。指南針指向地極，雨雲落下雷電，星晨按週期運行，水在冰點凝結，這一切來自何處？豈不是那造天地的唯一真主。」

「對你來說，猶太教的神也是伊斯蘭的真主嗎？」合贊汗問。

「伊斯蘭聖訓上說，真主曾先後派遣了一萬兩千位先知至每個國家與民族，以便引導他們走上正路。真主派遣到阿拉伯人中的使者乃是穆罕默德。就如同摩西教猶太人認識了耶和華。蒙古的先知教蒙古族認識了長生天。」

「愛卿所言，恐怕不會被伊斯蘭教長與猶太拉比所接受吧。」合贊汗笑著說。

「王熟知佛典，必定知道，佛典中有彌勒佛將來到人間救苦救難的預言。然而《古蘭經》也預言了馬赫迪將從東方出現，使人間久違的公正和正義充滿大地。基督徒同樣期盼末世基督的再臨。各教之間有著相似的教義與預言，教士們卻高聲指責對方為異端。教士逼迫人在信仰上做出抉擇，卻未能教人認識真主。」

合贊汗的母親是基督徒，合贊與弟弟完者都（Oljeitu）出生不久就受洗為基督徒。然而，合贊的祖父與父親都是信仰彌勒佛的佛教徒。拉施特提到穆斯林也有類似彌勒佛的救世主，讓合贊心裡起了微妙的變化，改信伊斯蘭這件事似乎不那麼難以接受了。

「既然神都是同一位，那麼愛卿為何改信伊斯蘭的呢?」合贊問。

「各樣美善的恩賜，和各樣全備的賞賜，都是從上頭來的。從眾光之父那裡降下來的。在祂並沒有改變，也沒有轉動的影。當年我的祖父剌亦撒被山中老人擄到阿拉木特，為了保存生命以繼續追尋那無限智慧的至高者，他宣誓放棄猶太教，改信了伊斯蘭。奇妙的是，他在追尋伊斯蘭真主的過程中，又重新見到了耶和華。」

「在祂並沒有改變，也沒有轉動的影。」合贊汗若有所思地覆誦了一次。

「過去先王阿魯渾汗支持佛教，海合都汗獨厚基督教，導致國內教堂與佛寺林立，各地破敗的清真寺卻無力整修。佛教僧侶與基督教教士接受了先王所賞賜的豐厚財物，辛苦耕種的農人卻被稅吏壓迫得三餐不繼。長久如此，農民與商人的不滿已經達到了頂點。王若能歸入伊斯蘭名下，必能獲得人民與滿朝官員不可動搖的支持。想要成就如旭烈兀汗，甚至是成吉思汗那般的功業，也就不是難事了。」拉施特真誠地望著合贊汗說。

「諷刺的是，我的曾祖父旭烈兀汗攻下了巴格達，結束了哈里發的統治，屠殺了數以百萬計的穆斯林，將底格里斯河的河水變成了紅色。然而不過四十年的時間，我卻要改信敗戰者的宗教。」

拉施特跪拜在合贊的座前說：「哈里發的覆滅是按著真主的意志。旭烈兀汗乃是上天派遣的使者，懲罰世間的不信者與偽信者，為真主鋪平真理的道路。願真主使王榮耀，以真光照耀王的心靈，成就神的旨意。」

第二天，合贊汗請來了大不里士城中的伊斯蘭教長，宣布他承認唯一的真主，成為伊斯蘭教徒。他慷慨地撥出經費，命教長整修各地殘破的清真寺與伊斯蘭教經學院。

到了齋月，教長為合贊汗舉行了盛大的祈禱儀式，各地的清真寺都發出讚美的禱詞，歌頌合贊汗皈依了真主與伊斯蘭。其他願意改信伊斯蘭的皇族也加入了這個盛會，包括了合贊的弟弟完者都。

不願改信伊斯蘭的蒙古貴族，如出身蒙古赤老溫族的王公出班，則冷眼在一旁看著汗王受到清真寺前民眾熱情的歡呼。

出使拜占庭的使者為合贊汗帶來了君士坦丁堡這座西方最偉大城市的見聞，特別是聖索菲亞大教堂那如碗倒扣的巨大圓頂，讓進入教堂的信徒宛如置身於至高者所造的穹蒼之下。合贊汗聽聞後向拉施特表明決心，要在伊兒汗國境內興建一座足以抗衡的偉大建築，位置就選在汗國的夏都孫丹尼牙（Soltaniyeh）。

當時的孫丹尼牙除了零星散佈的蒙古帳篷外，就是一大片翠綠的草場，並沒有任何醒目的建築。當初蒙古人看上大不里士東南方三百四十公里外的孫丹尼牙，正因為那裡擁有全波斯最肥美的牧草，與適合駿馬奔跑的地形。

合贊汗的父親阿魯渾汗將此處定為汗國的夏都，但是並未大肆修建宮殿與城牆，因為蒙古人只喜歡住在方便遷移的蒙古包，對於城牆有著無比的厭惡感。

皈依於伊斯蘭的合贊汗打算同時改變蒙古人逐水草而遷徙的習慣。他放手讓拉施特規畫孫丹尼牙的宮殿、街道、市集、學校、醫院、城牆、護城河。還有最重要的一點，興建一座無與倫比的圓頂清真寺，用以展現伊兒汗國的國力。

拉施特對於興建大清真寺的計畫十分贊同。要證明汗王對伊斯蘭堅實與穩固的信仰，那一定要有一些可以訴諸眼睛見到的東西，可以一個世代傳過一個世代。

當時伊兒汗國乃至於整個東方的建築師，並沒有興建圓頂的經驗。來自元朝的孛羅丞相便質疑興建大圓頂的可能性，拉施特卻在諸多大臣面前向合贊汗保證，天使長米迦勒已顯現給他異象，在真主的庇佑下，他必能夠帶領工匠完成東方世界的首座巨型圓頂建築。

事實上，拉施特的信心並非來自天使長的異象，他從沒見過擁有六張翅膀的天使長。他在火者納息搶救出的藏書中，找到由阿拉木特學者翻譯的兩本希臘古籍，伊西多爾（Isidore of Miletus）的《幾何原本》與安提莫斯（Anthemius of Tralles）的《圓錐曲線論》。這兩人都是數學家兼物理學家，同在西元六世紀奉羅馬皇帝查士丁尼之命，設計了君士坦丁保的聖索菲亞大教堂。

伊西多爾與安提莫斯的關於拋物線與圓錐曲線的研究，為建造聖索菲亞大教堂巨大的圓形結構奠下基礎。拉施特深信，依兩人八百年前的研究，他必能建造出不遜於聖索菲亞大教堂的圓頂清真寺。

事務繁忙的拉施特，聘來了一位聰明的印度數學家作為助手，命他依《幾何原本》與《圓錐曲線論》中的方程式，進行繁複的計算。三年後，印度數學家終於計算出可以平衡磚造圓頂重量的曲線，設計出世上第一個具伊斯蘭型式的圓頂。整座圓頂清真寺的完成只是時間的問題了。

過去草原上的蒙古人沒有文字，所有的歷史都是以口耳相傳的方式保存。為了建立蒙古人的文字歷史紀錄，合贊汗下令，由拉施特編寫蒙古歷史上的第一部史書，記載以成吉思汗為起點的蒙古歷史。

拉施特大膽地建議合贊汗，增加這部史書的範圍。除了第一部的蒙古歷史，再增加了第二部世界各民族史，與第三部世界地理志。拉施特企圖編寫一部跨越所有人類歷史，民族與地域的世界歷史全書，並命名為《史集》。

急於建立功業的合贊汗欣然接受了拉施特的建議。

拉施特的理念源自於阿拉木特。百年前，山中老人便以優渥的待遇，招募各地學者來編撰全人類歷史的史書。隨著末代山中老人忽兒沙被殺，最後的作品雖然遭到焚毀。然而，透過火者納息所搶救的部分初稿，加上拉施特創辦的學校所栽培的學者，拉施特打算在此書被毀的四十年後，再度重現這一部偉大的作品。

《史集》編寫的工作進展十分順利，短短四年的時間，第一部的蒙古史已經完成。正當拉施特準備將初稿呈給合贊汗，一三〇四年的四月，汗王卻在春季狩獵的途中病倒了。

合贊汗對於人眼所不能見之事，有種特別敏銳的感覺。他自知生命已經到了盡頭，便召喚宰相拉施特與包括弟弟完者都在內的皇族來到位於營地的金帳之中。他虛弱地對每個人做出了訓誡，並宣布由完者都繼承他的汗位。同時要求拉施特必須竭力扶佐新的汗王。

一個月後，合贊汗逝世，年僅三十三歲。來不及見到他下令興建的圓頂清真寺落成，也見不到鉅著《史集》的完成。全波斯的清真寺高塔都覆蓋上了地毯，男人與女人都換上麻布衣，為君王的逝世哀悼八天。

VIII

繼任的完者都，不像合贊那般深具野心，他的心地仁厚，不同一般的蒙古人那樣喜歡殺戮。繼位之初，年僅二十四歲的完者都，施政上大多數延續合贊汗的政策。在看過《史集》的第一部蒙古史初稿後，他賞賜拉施特許多的財寶，並命令他繼續完成第二部的《世界各民族史》，與第三部的《世界地理志》。

在信仰上，完者都與合贊汗相同，都是在幼年受洗為基督徒，在佛教僧侶的教導下長大，也同樣在一二九五年皈依伊斯蘭。

不像合贊汗把宗教視為統治人民的工具。完者都熱切地追尋各地的宗教導師，他渴望透過宗教導師來得到永恆的真理。完者都深受一個什葉派占星學者希利（Al-Hilli）所影響，相信什葉派第十二伊瑪目將再臨人間的預言。

希利來自巴格達，原本在爾米亞湖畔的天文臺工作。完者都為他在伊兒汗國宮廷中舉辦伊斯蘭教義的辯論，希利一人便讓輪番上陣的遜尼派學者一敗塗地。辯論結束後，完者都宣布將伊斯蘭什葉派定為伊兒汗國的國教。所有新鑄的金、銀幣都放上第十二伊瑪目的名字。

為了避開擁護遜尼派的大不里士居民與教長，完者都宣布永久將首都遷往夏都孫丹尼牙。

從外人的眼光看來，拉施特的權勢在完者都時期達到了巔峰。完者都醉心於追尋希利的神祕主義，將所有國政都交給拉施特處理，讓拉施特擁有主掌一切行政資源的機會，但也同時為拉施特樹立了更多的政敵。

拉施特十四個兒子中，有十個在伊兒汗國的各地擔任行政長官，包括巴格達、巴斯拉、伊斯法罕、設拉子、哈馬丹、迪亞巴克爾等大城。汗國中的各個大城都興建了「拉施特鎮」，作為城市中教育、學術、醫療與信仰的中心。

透過龐大的私人商旅與農莊，拉施特本人積蓄的財富更達到難以估算的程度，光是在大不里士與孫丹尼牙，四分之一的土地都屬於拉施特個人所有。

拉施特謹慎自己的言行，但他有太多親人也都位居高位，剝奪了不少過去中央與地方派系的既得利益。掌握軍權的蒙古親王對於拉施特的疑慮越來越深。躲在暗處的政敵開始在首都孫丹尼牙散佈不利於拉施特的黑函，讓拉施特感到仕途越來越兇險。

為了成就他的夢想，拉施特必須不計代價來打擊他的敵人，並保持完者都汗對他的信任。首先是黑函的起草者火者喜別被捕下獄，一番凌虐後，他供出了其他的參與者，包括當年推薦拉施特給合贊汗的前宰相哈利底也牽涉其中。這些人都未經汗王審判，便遭殺害。數年後，同朝的正丞相撒為芷，暗中勾結擔任守衛皇宮的蒙古武官，打算在拉施特上朝的途中將他刺殺。拉施特得知撒為芷的陰謀後，先發制人地將撒為芷吊死。

在完者都登基的第八年，拉施特將覆蓋著綠松石藍彩陶磚的圓頂清真寺獻給了完者都。興奮的完者都立刻請託他的宗教導師希利南下伊拉克，打算將前幾代伊瑪目的骨骸移到這座清真寺，讓孫丹尼牙未來成為什葉派的朝聖中心。

拉施特對於希利存有戒心，擔心這位什葉派的精神領袖未來會成為他的敵手。拉施特請託殘存的阿拉木特刺客，深夜出現在希利的床頭，恐嚇他不得再回到孫丹尼牙。心生畏懼的希利因而向汗王稱病，並在伊拉克度過了他的餘生。伊瑪目遺骸的遷移工作也因此無疾而終。

因著拉施特過人的機智，他的敵人落入自己所造的陷阱，辱罵拉施特的言語落在自己的身上。拉施特無時不感念真主保護他的性命，搭救他脫離惡人。然而，勝利的背後是拉施特已經染滿鮮血的雙手。

孫丹尼牙的圓頂清真寺完工後，拉施特將精力再度投注於研究工作之上。在他的領導下，孫丹尼牙的拉施特鎮學者完成了《史集》的第三部。大不里士的拉施特鎮學者則完成了《數學與科學百科全書》，當中詳細描述了當時阿拉伯世界的煉金術與占星術。拉施特還帶領御醫完成一部關於中國醫學的百科全書《伊利汗的中國科學寶藏》，當中包含藥物學、解剖學、婦科學、針灸、診脈等全方位內容。

短短十餘年間，各地拉施特鎮的學人巷陸續編撰出許多重量級的著作，但是拉施特並不因此而感到滿意。他認為這些書籍流傳的速度太慢，以紙張書寫的書籍又無比脆弱。阿拉木特大圖書館被焚毀的悲劇，是拉施特心底最深的夢魘。

在海合都汗時代，為了要發行紙鈔，伊兒汗國引進了不少中國印刷工匠，以中國的雕版印刷術來印刷紙鈔。當時擔任財政官員的拉施特便對印刷術留下十分深刻的印象。但是木製雕版的製作速度太慢，印刷的數量也有限。他聽過中國已經有人使用銅活字來進行印刷，但當時仍未流傳到伊兒汗國。

拉施特相信，若他可以大量印製書籍，就不必擔心他編撰的書籍會遭到惡意毀去。廣為流傳的書籍更可以加速知識的傳播，讓伊兒汗國成為世界的知識中心、文化中心與財富中心。

為了避免伊斯蘭教士的反彈，拉施特只雇用信奉佛教的中國工匠與信奉基督教的亞美尼亞人來進行活字印刷術的研究。自西元七世紀起，波斯開始使用阿拉伯字母作為波斯語的文字。伊斯蘭教士相信阿拉伯字母具有神聖的地位，只能以人工書寫的方式來抄寫。

銅字、活字版與印刷機的製作還不算太難，拉施特的工匠們一直有個無法突破的問題，那就是黑色的油墨無法均勻附著於銅活字的表面。拉施特透過前往中國貿易的商旅，以賄賂的方式買到了油墨的配方，就是以一定比例混和炭煙、松香、紙灰和蠟製成黏合劑。然而，中國產的原料特性與波斯出產的原料明顯不同，直到完者都病倒前，拉施特的工匠們仍然沒有找到油墨的最佳配方。

X

西元一三一六年十二月初，汗王完者都受了風寒，病情在幾天內便急速加劇，嚴重到連馬背都無法跨上。身為宰相兼御醫之首的拉施特，每日與所有御醫召開醫療會議，針對最新的病情來決定治療的方式。

只是，無論是湯藥、草藥、針灸、拔罐、水蛭放血，對汗王的病情都絲毫沒有幫助，他的脈象一日復一日地微弱與混亂。汗王毫無起色的病情，就像是對智者拉施特最無情的羞辱，同時也給了他的政敵再一次摧毀他的機會。

孫丹尼牙降下第一場雪的那一夜，拉施特回到了位於拉施特鎮的宰相府，他沒有任何休息，就急著召小兒子進入他的書房。

因年邁而駝著背的拉施特，屈膝坐在絲織的地毯上，喝著他的商旅由南方葉門帶回的咖啡。無把的杯子上浮著一層起泡的咖啡脂，平時拉施特會仔細吹開這些咖啡脂再入口，但當天的拉施特只是把咖啡一飲而盡，並不在意那修整過的灰白鬍子沾到棕色的泡沫。

小兒子一進房後，拉施特命所有的僕役退下。小兒子焦急地問父親，「汗王的病情有所好轉嗎？」

拉施特搖搖頭，「願真主保佑吾王。汗王的身體似乎對任何治療仍毫無反應，就如同他的兄長合贊汗一般。」

自旭烈兀汗建國以來，拉施特的祖父與父親就在宮中擔任御醫，沒有人比他更了解汗王家族的體質。歷代的汗王無不身形魁梧，精力過人。然而，自阿八哈汗之後，便沒有任何汗王能夠活過四十歲。

「我從研究希波克拉底的學者那兒聽來，用烤過的東方的柑橘可以幫助排痰，或許明日可以命人準備些柑橘試試。」小兒子是拉施特十四個兒子之中，唯一留在他身旁習醫的孩子，兩人的感情也特別親近。小兒子想要幫忙愁苦的父親出點主意。

「任何的挽救，對於注定要發生的事，都是無濟於事。大不里士的天文臺昨夜觀測到了橘紅色的掃帚星出現在獵戶座。上次出現掃帚星是在五十年前，旭烈兀汗在掃帚星出現後一週便逝世了。」拉施特低聲以希伯來語對小兒子說。從拉施特的說話的語氣聽來，他似乎對完者都汗的病情已經不太樂觀。

「那油墨的問題還是沒有進展嗎？從明天起，你別跟我進宮了。多花點時間留在學人巷裡，盯緊那些工匠的進度。」

拉施特清楚，若完者都不幸駕崩，那繼任者將會是完者都的大兒子，年僅十四歲的不賽因。屆時，若由掌握兵權的蒙古貴族攝政，那他的末日也就來到了。

深夜裡，他寫了十封內容相同的書信，打算送給他那十個在外地擔任要職的兒子們。寫完信，已經是清晨時分。當拉施特望向窗外，前晚落下的雪，將清真寺的藍色圓頂罩上了一層白衣。

完者都沒有熬過那一年的冬天，他在第一場雪的十天後病逝於金帳之中，他唯一的遺言是：「永遠安息於孫丹尼牙的圓頂清真寺。」

XI

由伊拉克、安那托利亞直到波斯的這一大片土地上，伊兒汗國的百姓們再度披上麻衣，向統治他們十二年的完者都汗哀悼。在首都孫丹尼牙，拉施特與王公出班等重要大臣穿著白色的喪服，赤著腳，將完者都的靈柩置入圓頂清真寺之中。

拉施特估計得沒錯。年幼的不賽因繼位後，軍權與行政都落到出身蒙古赤老溫族的王公出班手中。

拉施特先是被迫辭職。接著，因為他曾擔任完者都的主治御醫，被出班指控毒死完者都的罪名。拉施特與小兒子都因此被捕下獄，經過短暫的調查，出班隨即宣布拉施特與他的小兒子有罪。判決過後，各大城的拉施特鎮都被搜索。拉施特的財產遭到充公，學人巷內的學者與學生遭到驅逐，拉施特編撰的書籍被統一集中審查。除了《史集》中第一部的蒙古史，與第二部關於蒙古人統治下的五個主要民族的歷史，其餘拉施特的著作都遭到毀去。

蒙古士兵從孫丹尼牙的工匠坊搜出印刷機與大量銅鑄活字，但亞美尼亞與中國的工匠已經逃逸無蹤。印刷機、活字與部分試印的紙張被當成拉施特謀反的證物，準備在拉施特處決後銷毀。

讓出班有些擔心的是，那些在各大城擔任要職的拉施特兒子們，在判決過後全部都棄職潛逃。有人看到，他們之中的幾位最後出現在大不里士西北方的爾米亞湖畔，之後就彷彿從人間消失了一般。

因為拉施特堅決不肯透露兒子們的行蹤，出班下令以殘酷的腰斬之刑來處決拉施特與他的小兒子。行刑的時間就訂在夏至的正午，地點就在圓頂清真寺前的廣場。

腰斬之所以殘酷，是因為人的主要器官都在腰部以上。受刑者被斬之後，往往需要歷經數個時辰才會死去。

處斬當天，劊子手將斬斷的拉施特上半身移到一塊塗滿羊油的木板之上，好減少出血的速度，延長拉施特受苦的時間。

受了酷刑的拉施特感到腰部如火燒般的劇痛，他年邁的身軀痛苦地扭曲，他感覺到自己心臟的跳動漸趨衰弱。他心裡呼喊著：「主呀，求祢憐憫我。」

新宰相出班這時走到拉施特身旁，他高聲斥責拉施特：「你這狡猾的猶太人，你讓蒙古君主信奉戰敗者的宗教，背棄了蒙古人自古以來信仰的長生天。當年長生天透過成吉思汗與旭烈兀等偉大領袖，懲罰你這般偽信的猶太人與穆斯林，蒙古族的勝利是體現神的意志。然而，拉施特你卻破壞了神的意志，讓偽信者的宗教又再度起死回生。你將蒙古駿馬奔馳的草場變回了城市與農田，讓蒙古的君王變成了農人與商人的僕人，不再是逐水草而居的大地之子。」

拉施特沒有力氣辯駁。劇痛中，這位曾經權傾一時的前宰相回想起年幼時所背誦的猶太詩篇：

「你使我的年日，窄如手掌。我一生的年數，在你面前，如同無有。各人最穩妥的時候，真是全然虛幻。」

在拉施特的目光逐漸渙散之際，他突然瞥見一道美麗的藍色曲線，這形狀擁有著永恆的秩序、韻律、和諧、規律，帶給痛苦中的拉施特難以言喻的慰藉。

拉施特思索著這完美的曲線從何而來，一會兒後，他終於想起來，這藍色曲線正是孫丹尼牙清真寺的圓頂，圓頂下完者都的靈柩還是他親自所抬進去。

綠松石藍彩陶磚的圓頂映出藍色的榮光，榮光中出現熾天使米迦勒的身影。米迦勒有六張翅膀。兩張翅膀遮臉，兩張翅膀遮腳，兩張翅膀飛翔。米迦勒吟唱著讚美的詩歌：「真理的追尋者呀，你彰顯了主的永能與神性，我主必紀念你為真理所做的見證。」

原本一旁輕蔑地看著拉施特的出班，見到拉施特失去血色的臉上突然發出了亮光，目光也變得炯炯有神，嚇得倒退了幾步。等到他鼓起勇氣往前一探，拉施特已經斷了氣。

XII

拉施特被腰斬的十年後，長大成人的不賽因汗處死了跋扈的出班，並恢復了拉施特的名譽。失蹤多年的拉施特兒子們，也再度出現在大不里士城中。

據拉施特的大兒子的描述，當年完者都病危之際，拉施特以飛鴿傳書，送了內容相同的十封信給他分散各地的孩子們。

信上有一張簡單的地圖，標示著大不里士與一旁的爾米亞湖，地圖下寫道：

我的恩師火者納息當年受旭烈兀汗之託，在各地尋找隱密的墓地。經過了一年的尋找，他為旭烈兀汗選擇了爾米亞湖中的某一座小島為墓地，至今只有皇族知道墓穴的確切位置。

在遊歷爾米亞湖諸島的過程中，恩師火者納息於北方的另一座小島上發現了一個詭異的洞穴。當時墓中有兩具枯骨，以雙手張開的怪異姿勢平躺在地上。地上留有了一把阿拉木特的匕首，但上面多了一個東方太極的圖案。

按墓中牆上留下的文字，墓的主人是阿拉木特的傳奇人物——夏姆斯與菲利浦醫師，他們稱那座隱密的洞穴為「活死人墓」。

這活死人墓的入口極為隱密，墓的主人又與阿拉木特有極深的淵源。因此我的恩師火者納息特地將進入此墓的方式留給了我，吩咐一旦日後遇到危險，便可以躲藏到該地。

如今，巨大的危險已經來到，但我的雙手已沾滿了殺人的血，因此我選擇面對我當受的刑罰。請不要試圖來挽救我的性命，應當挽救的是多年來眾多學者辛勤不倦的成果。你們要按著我的恩師的指示，找到「活死人墓」，並儘可能拯救眾人辛苦多年的作品。

真主必紀念你們的作為，保守你們的道路。

不賽因汗重新恢復了拉施特幾個兒子的官職，並將拉施特的產業歸還給他的兒子們。但是他們的能力與見識都與拉施特難以相比，無法挽救出班掌權十年間所造成的破壞與倒退，伊兒汗國的國力從此一蹶不振。

當年為拉施特開發活字印刷的亞美尼亞工匠，往西逃到了義大利的威尼斯，在當地成功開發出適合銅活字的油墨，並在威尼斯富商的贊助下，成立了歐洲的第一座活字印刷廠。

拉施特兒子們收藏於「活死人墓」的《伊利汗的中國科學寶藏》再度流傳。因該書擁有豐富的插圖來配合詳細的文字解說，因而成為當時中東醫師的寶典。中東地區新生兒夭折、還有孕婦難產的比例，因此書而大幅下降。

為拉施特設計孫丹尼牙圓頂的印度數學家帶著《幾何原本》與《圓錐曲線論》回到了印度。三百年後，他的後人依這兩本著作，為蒙兀兒帝國設計了不朽的胡馬雍陵與泰姬瑪哈陵。

至於拉施特建造的孫丹尼牙圓頂清真寺，在完工的七十年後便隨著被帖木兒夷平的孫丹尼牙，一同荒廢於蔓草之中。

住宿便利貼：

Sepid Hotel

Zanjan少數的住宿選擇。女老闆英文不錯，房間乾淨，但沒有網路。雙人房一晚五十美金，含衛浴、早餐。

Tel: +98 241 3226882

交通便利貼：

建議由德黑蘭先前往Zanjan住宿一晚（車程五小時）。再由當地包車至孫丹尼牙，車程僅需三十分鐘，包車半天約五十美金。

Chapter 7
君士坦丁堡

君士坦丁堡：

君士坦丁堡位於博斯普魯斯海峽西岸，這條狹窄的海峽將歐洲與亞洲分隔開來。南邊是馬爾馬拉海，北邊是金角灣，東邊是博斯普魯斯海峽的入口，西邊居高臨下俯瞰色雷斯平原。整個城區宛如一座天然要塞。西元三三〇年，羅馬帝國皇帝君士坦丁一世在此建立新都，該城的設計完全仿照羅馬，在城裡也可以找到同羅馬一樣的七座山丘。

五三七年，查士丁尼一世下令興建的聖索菲亞大教堂正式宣告完工，這座當時世界最大的圓頂教堂成為君士坦丁堡牧首的座堂，並且是東羅馬皇帝進行儀式的首要場地。

一四五三年五月二十九日，君士坦丁堡被鄂圖曼帝國攻陷，拜占庭皇帝君士坦丁十一世失蹤，這座城市被更名為伊斯坦堡。

聖索菲亞大教堂與鄰近的地下水宮殿、藍色清真寺、托卡比皇宮一同在一九八五年被選為世界文化遺產。

I

喬吉奧斯（Georgios Kourtesios Scholarios）是第一百六十三任君士坦丁堡牧首，金納迪烏斯（Gennadius Scholarius）是他的教名。他從西元一四五三年六月起，擔任君士坦丁堡牧首一職，成為偉大城市君士坦丁堡的正教領袖。與之前牧首不同的是，這座城市已經被改名為伊斯坦堡，喬吉奧斯是第一位駐地不在聖索菲亞大教堂的君士坦丁堡牧首，也是第一位由穆斯林蘇丹任命的牧首。

喬吉奧斯於西元一四〇〇年出生於君士坦丁堡的一個希臘家庭。為了擺脫土耳其人的威脅，他年輕的時候支持拜占庭正教與羅馬天主教統一。然而，在他的恩師以弗所馬可（Mark of Ephesus）的影響下，他轉變為最堅定不移反對與羅馬天主教會合併的正教領袖。

自從西元四世紀君士坦丁大帝遷都拜占庭，並將這座希臘城市更名為君士坦丁堡，羅馬天主教會與拜占庭的正教會因著地理、文化、政治、種族、組織上的歧異，逐漸走上分離的道路。雖然相信同一位神，也都相信耶穌基督所帶來的救恩。一千多年來的分離，卻讓兩個教會間最細微的差異，演變為無法融合的歧異。

以教宗這個職位為例：

天主教徒認為，羅馬教宗受使徒彼得所託，擁有掌管天堂鑰匙的權柄。因著這個權柄，他們相信教宗永不犯錯。

正教徒則認為，羅馬天主教會參雜了古羅馬的異教信仰，天主教所謂「教宗永不犯錯」的概念更是一種褻瀆，天堂的鑰匙始終都掌管在使徒彼得的手中，可不是掌管在教宗手中。

西元一四三九年，當時還年輕的喬吉奧斯，參加了在義大利佛羅倫斯所舉行的佛羅倫斯大公會議。會議中，羅馬教宗成功逼迫正教徒接受東西兩大教會合併。拜占庭皇帝與大多數的正教主教，接受羅馬教宗的最高權力及羅馬天主教的儀式，並接受了他們原本視為不符聖經的教義。

因為當時鄂圖曼土耳其人已經進逼君士坦丁堡，若正教徒不接受東西教會合併，西歐各國就不願意派兵協助君士坦丁堡。

佛羅倫斯大公會議的決議並未得到君士坦丁堡居民與一般教士的支持，許多希臘人認為，這是繼一二〇四年十字軍掠奪君士坦丁堡後，拉丁人另一次巨大的陰謀。他們擔憂，兩教合併後，正教所代表的正統基督教，以及那種結合神學與哲學的思考方式，必然遭到消滅。

西元一四五二年十二月十二日，就在奧圖曼蘇丹穆罕默德二世發動圍城戰的前四個月，拜占庭皇帝君士坦丁十一世與教宗尼古拉的特使在聖索菲亞大教堂舉行聯合彌撒，象徵東西教會正式合併。有了聯合彌撒作為條件，羅馬教宗才同意派遣以威尼斯艦隊為主力的援軍，挽救拜占庭帝國的危機。

聯合彌撒當天，喬吉奧斯並未前往聖索菲亞大教堂，雖然他也收到了皇帝君士坦丁十一世的邀請。當他的弟子來到他服事的全能者修道院（Pantocrator Monastery），見到他的房門緊閉，房門上以憤怒的筆觸寫下：

「悲哀的拜占庭人，為何拋棄你們的神哪？

為何輕信義大利人，而不願信靠真神？
當你們拋棄你們的信仰，你們也必失去你們的城市，你們的一切。」

隔年的五月二十九日，喬吉奧斯預言成真。君士坦丁堡著名的三重城牆在那天被攻破，城西的聖羅馬諾斯軍門倒塌。皇帝君士坦丁十一世脫下身上的紅袍，以及一切可以證明他身分的飾品，拔出長劍，衝向如洪水般湧入的土耳其士兵。

而羅馬教宗尼古拉所允諾的援軍，當時才剛駛離千里之外的威尼斯港不久。

II

城破之後，穆罕默德二世下令，鄂圖曼士兵可以在城中任意掠奪三日。

土耳其人的名聲雖壞，但他們喜愛金錢更勝於殺戮。教堂、皇宮、修道院、商店、住家都被洗劫一空，君士坦丁堡城內四萬居民被掠奪，女子遭姦淫，但大多數居民最後都成為可以賣錢的俘虜，只有約四千人被殺，多數還是在城破的那一天在美索提基溫城牆（Mesoteichian）作戰的士兵。

三天後，年僅二十一歲的穆罕默德二世在鄂圖曼禁衛軍的保護下，進入了他所親手攻下的上帝之城，並前往城中最著名的地標——聖索菲亞大教堂。

當時的聖索菲亞大教堂仍是世界最大的圓頂建築。年輕的蘇丹站在圓頂之下，望著教堂內難以數計的鑲嵌聖像。包括了：聖母抱著聖子坐在寶座上，查士丁尼大帝獻上聖索菲亞大教堂，君士坦丁大帝獻上君士坦丁堡，天使長加百列與米迦勒，為耶穌基督施洗的施洗約翰，還有其餘穆罕默德二世認不得的歷代皇帝、皇后與聖徒。

初夏午後的陽光穿過彩色繽紛的馬賽克窗，照映在金色的鑲嵌畫上，絢麗的金光在蘇丹的四周流動著。蘇丹不禁發出讚嘆：「這真主的榮光。」

同行的伊斯蘭教長聽聞蘇丹的讚美後，立即走上祭壇，高呼：「萬物非主，唯有真主；穆罕默德，是主使者。」

蘇丹回過頭，告訴身後的大臣，將這座不可思議的建築改為清真寺。牆上的鑲嵌聖像無須刨除，僅需以灰泥塗抹遮去即可。

心情大好的蘇丹走出了教堂，像個充滿好奇心的旅人，繼續往教堂旁荒廢的舊皇宮走去。希臘裔的大臣則在一旁為蘇丹導覽：

「這是希臘人所稱的舊皇宮，在一二〇四年遭拉丁人組織的第四次十字軍掠奪。西元一二六一年，拜占庭巴列奧略王朝從十字軍手中奪回君士坦丁堡後，將新的皇宮建於城北的金角灣畔，此處的舊皇宮便未曾復原。」

蘇丹繼續走到一旁同樣年久失修的羅馬賽馬場（Hippodrome）。大臣繼續解釋：「古代拜占庭皇帝會在此舉行賽馬或是雙輪馬車競技，以娛樂城中的居民。但這樣的活動已經數百年未曾舉行。」

賽馬場中央，一千年前狄奧多西皇帝由埃及運回的方尖碑依然矗立，蘇丹興致盎然地看著方尖碑上的埃及象形文字。

賽馬場中還有根黝黑的蛇柱，蛇柱頂端有三個栩栩如生的蛇頭，正吐著長長的蛇信。蘇丹詢問這蛇柱的來歷，希臘裔的大臣惋惜地解說：

「這是兩千年前希臘人戰勝波斯時所打造的祭壇，狄奧多西皇帝將這祭壇由希臘搬到君士坦丁堡。三顆蛇頭上原本有個純金打造的大碗，但在兩百五十年前，不幸被十字軍掠奪到了歐洲。」

「看來這座城市的財富已經早一步被西方的野蠻人掠奪一空。若真主意允，我必將重現這聖城的榮耀。」蘇丹顯然對於十字軍在一二〇四年攻破君士坦丁堡一事頗覺惋惜。

一行人離開傾頹的羅馬賽馬場後，蘇丹見到一位年老的正教教士，正奄奄一息地倒臥在路旁的一棵栗樹下。教士身上的黑色袍服多處被撕裂，臉頰帶著瘀青，嘴角滲出鮮血，看起來剛遭受土耳其士兵的搜身與毆打。

蘇丹轉身問一旁的首相加利路．帕夏：「這些希臘人的主教到哪了？我們必須讓這些希臘人恢復到正常的生活。」

「城中希臘人的主教是牧首格列高利三世（Gregory Mammas），因為他支持東西教會合併，早在圍城前便被希臘人唾棄。他在去年已經逃往義大利，臣服於拉丁人的教宗，接受教宗的庇護。臣建議按羅馬人的習慣，由這座城市的統治者來加冕新的牧首。」加利路・帕夏恭敬地回答。

「這個新牧首必須讓城中的希臘人都能夠信服，並且不會與西方的基督教徒暗通款曲。你有建議的人選嗎？」年輕的蘇丹測試著首相對這座城市的了解。

「全能者修道院的主教喬吉奧斯。他是土生土長的君士坦丁堡人，也是反對東西基督教會合併的領袖。我想他是再合適不過的人選。」加利路・帕夏小心翼翼的回答著。

「他現在人在哪呢？」蘇丹問。

「臣已經派人在找了。」加利路・帕夏很清楚蘇丹那銳利的眼光所代表的意義。

原來城破之時，喬吉奧斯要求他的弟子不要做無謂的抵抗。當土耳其士兵來到全能者修道院，喬吉奧斯與他的弟子很快便被土耳其士兵俘虜。士兵們急著將俘虜換成金幣，無暇也無意確認這些正教修士的身分。喬吉奧斯很快被賣給埃迪爾內的土耳其富豪作為僕役，所以帕夏一時之間找不到這位主教的下落。

買下喬吉奧斯的埃迪爾內富豪，因為震懾於喬吉奧斯的高貴的氣質，無論如何都無法將他當作僕役來使喚。苦惱的富人將喬吉奧斯送回了君士坦丁堡，穆罕默德二世才終於見到了這位傳說中的主教。

III

君士坦丁堡是在一四五三年五月二十九日拿下，穆罕默德二世雖然已經決定將首都遷往這座偉大的城市，但是這座城市還需要時間恢復過往的元氣。鄂圖曼對塞爾維亞與波士尼亞的戰爭已經箭在弦上，他準備六月底前回到埃迪爾內的皇宮，在那之前，他必須讓喬吉奧斯成為城中希臘人的宗教領袖。

喬吉奧斯一早便被喚至蘇丹位於城外的大帳，他按著土耳其人的方式坐在墊子上，等待年輕蘇丹的來到。喬吉奧斯的面前是一張鑲滿珠寶的矮椅，但他注意到牆上掛著一面巨大的地圖，上面以不同的顏色標示著歐洲各國王所在的城市、教宗所在的城市、什葉派穆斯林的城市，幅員涵蓋歐洲到波斯的各個國家。

幾分鐘後，穆罕默德二世在年輕的侍臣托蘆桑陪同下進入了房間，坐在那鑲滿珠寶的矮椅之上。喬吉奧斯對於穆罕默德二世那一頭鬈曲的棕髮與高聳的鼻梁顯得有點吃驚。若非蘇丹頭上的大圓帽，他必然會認為眼前的年輕人是來自東歐或是高加索王國的某個王子。

簡單寒暄後，穆罕默德二世向喬吉奧斯表示，這一場戰爭已經結束。所有希臘正教徒都可以繼續留在君士坦丁堡之中，甚至包括先前逃離的拜占庭貴族也可以回到城中。蘇丹願意保證他們生命與財產的安全，只要希臘人遵守鄂圖曼的法律、按時繳納稅賦，希臘人將在城中擁有自己的自治區。

喬吉奧斯向蘇丹稱謝後，穆罕默德二世起身離開矮椅，走向喬吉奧斯，坐在他身旁的墊子之上。

「我需要一個新的牧首，成為希臘人的宗教領袖。我過去聽過主教您竭力維持希臘正教的許多努力，我相信主教您就是新牧首最適合的人選。」

其實早在面見蘇丹前，喬吉奧斯就猜想出蘇丹的目的了。

對喬吉奧斯來說，被土耳其士兵殺死也好，擔任土耳其富豪的僕役也好，都遠遠好過成為異教徒冊封的牧首。當初他並非為了這牧首的職位而反對東西教會合併，一旦接下這個職務，那些逃往義大利的修士們肯定會用惡毒的言語來誹謗他，將他視為屈服於穆斯林蠻族的叛教者。

理智上，他想要拒絕這個職務，但喬吉奧斯心裡知道，這是神所託付的責任，他對亡國的希臘子民有負擔，他只能告訴自己，凡他所行，都是為了神的緣故。

「感謝陛下的抬愛，也願主保佑陛下您的一切。」他低著頭辛苦地一字一字吐出這句話，同意了穆罕默德二世的邀請。

穆罕默德二世看出他的猶豫。

「告訴我，為何我能拿下這座上帝之城？」穆罕默德二世問喬吉奧斯。

「若不是上天賜給你，你斷不能拿下這座城。」喬吉奧斯不卑不亢的回答著。

「主教所想的與我一樣。若非真主的旨意，一切都不可能成就。但是，我的到來不是要摧毀這座上帝之城，而是要再度榮耀這座城市。告訴我，修士，你對鄂圖曼有多少了解。」蘇丹問。

「鄂圖曼土耳其是世居在鹹海畔的烏古斯族中的一支，四百年前遷徙到了安那托利亞，先後臣屬於塞爾柱土耳其帝國與蒙古伊兒汗國。自從伊兒汗國宰相拉施特被處決後，伊兒汗國逐漸分崩離析，鄂圖曼才開始壯大起來。」喬吉奧斯說。

「看來你的確知道一些我們的歷史，但那不是全部。」穆罕默德二世說。

「你也許以為我是烏古斯族人，是土耳其人，但我的母親是高加索的基督徒，我的祖母也有亞美尼亞血統。我每天傍晚都會找來懂拉丁語的大臣，讓他們為我朗讀羅馬的歷史。我很喜歡希羅多德、李維斯、庫爾提烏斯等人的著作。你也許認為我是個土耳其王，但我實際上是新的羅馬皇帝，一個信仰伊斯蘭的羅馬皇帝，像凱薩、奧古斯都那個光榮時代的羅馬皇帝。」

喬吉奧斯聽到蘇丹自稱自己是羅馬皇帝感到十分詫異，他也注意到，蘇丹所提到的羅馬皇帝都不是基督徒。

「鄂圖曼的子民來自希臘人、亞美尼亞人、庫德人、猶太人、高加索人、阿拉伯人、韃靼人與波斯人。當他們歸於唯一真神，當他們願意隨鄂圖曼的蘇丹去征服世界，將無數城市歸於伊斯蘭旗下，他們就成為鄂圖曼子民。」

穆罕默德二世那對藍色的眼睛注視著喬吉奧斯，「告訴我，主教，你對於希臘人定義究竟是什麼呢？」

「希臘民族不僅是按著地理、血緣來畫分，最重要是因著相信耶穌基督所傳下的正教教義，按著教會、政治、思考方式一體化的方式生活著的一群人。」

「我不妄斷你們這些希臘人的信仰，基督徒與猶太人也是有經書的子民，只是還未能了解，先知穆罕默德是真主最後的使者。我會尊重你們的信仰，讓真理有時間進入你們的心中。未來希臘正教的儀式、節慶都可以繼續維持。」

「感謝陛下的寬容與英明，願恩惠常與陛下同在。」喬吉奧斯再度稱謝。

「等你成為牧首後，相信我們會有更多機會討論伊斯蘭與基督教的差異。」穆罕默德二世欣慰地說。

一旁的侍臣托蘆桑從頭至尾都沒有說話，按著他伺候穆罕默德二世多年的經驗，主人是真心喜歡這個希臘老人。

IV

雖然穆罕默德二世已經決定由喬吉奧斯成為新的君士坦丁堡牧首，但因為喬吉奧斯的堅持，所有儀式與細節都必須與拜占庭時代相同，包括需要有主教團來選出牧首，再交由這座城市的統治者任命，實際的加冕儀式延遲了六個月才正式舉行。

按著習俗，歷任君士坦丁堡牧首的權杖、紅袍、冠冕、胸前的十字架，要由統治者交到新任牧首的手中。但牧首的十字架被前任牧首格列高利三世帶到了義大利，蘇丹於是命令他的工匠打造了一個綴滿珠寶的十字架，做為新的牧首十字架。

一四五四年一月六日，穆罕默德二世親手為喬吉奧斯掛上十字架，戴上了牧首冠冕，完成了加冕的儀式。

按著習俗，新任的牧首披上了牧首的紅袍，戴上冠冕，騎上蘇丹為他準備的駿馬，一行人沿著君士坦丁堡的街道繞行，賜福予這座城市的居民。當天的君士坦丁堡籠罩在一片紛飛的大雪中，坐在馬鞍上的喬吉奧斯完全看不清路旁聚集的人們。

隊伍靠近城東的聖索菲亞大教堂時，風雪逐漸轉小，他失望地發現路旁的群眾全是頭上包著頭巾的土耳其人，他們好奇地對著喬吉奧斯身上的華麗外袍與冠冕指指點點。原來，城中的希臘人擔心這場加冕儀式是土耳其人設下的圈套，就算渴望得到新牧首的祝福，也只敢偷偷推開窗門，遠遠地來窺視。

悲傷的喬吉奧斯不禁想起經文上的一段話：「我們成了一臺戲，給世人和天使觀看。」

過去牧首繞行的終點是聖索菲亞大教堂，但如今聖索菲亞大教堂已經成了清真寺，牧首的新駐地換成了聖徒教堂。正當喬吉奧斯打算闔起眼，不想看到一旁紅色的聖索菲亞教堂與路旁的鼓譟的土耳其群眾，他突然望見人群之中有一個熟悉的面孔。

這男子有一雙藍色的眼睛，沒有蓄鬍，面貌如水蒼白，略顯單薄的雙唇緊閉，毫無笑容。男子頭上雖然如土耳其人般纏繞著頭巾，但頭巾纏繞的樣式卻有些怪異。喬吉奧斯認定他之前絕對見過這個男子。

這男子肯定是位很重要的人物，有著十分高貴的身分；但應該不是拜占庭巴列奧略王朝的某個貴族，不是某個地區的正教主教，也不是來自義大利的拉丁樞機主教。接下來的繞行，喬吉奧斯藉著回想這個男子的身分，以躲避路上土耳其人揶揄的目光，最後當隊伍抵達君士坦丁堡中央的聖徒教堂，喬吉奧斯如釋重負地下了馬，但還是沒有想起男子的身分。

V

經過了一段時間，城內希臘人對於喬吉奧斯成為牧首的態度，由原先的懷疑、輕視，逐漸轉為欽佩與支持。

因為喬吉奧斯總是盡力服務那些在戰爭中失去父親與丈夫的破碎家庭，勉勵戰敗的希臘人仍要彼此相顧，激發愛心，勸勉行善，主日繼續到已經破敗不堪的教堂聚會。

為了繼續信仰正教的希臘同胞，他不間斷地向穆罕默德二世上書，提出希臘正教徒的建議與訴願。

穆罕默德二世沒有違背他當初的承諾，喬吉奧斯成為牧首後，他積極諮詢喬吉奧斯來共同制定新的法律，訂定希臘人在鄂圖曼帝國中的權力與義務。

基督徒可以按習俗慶祝正教的節日。基督徒的財產獲得明文保障。除了刑事犯罪或是牽涉穆斯林的糾紛之外，基督教區內的紛爭、出生、死亡、與嫁娶的登記，都由基督徒自行管理。

蘇丹甚至允許喬吉奧斯出版了多本以土耳其語介紹基督教信仰的書籍，如《與兩名土耳其人的對談錄——關於基督的神性》。

當然還是有許多被希臘人視為莫大屈辱的法令，例如：蘇丹擁有權利帶走基督教家庭最強健的男孩，使其改信伊斯蘭教，並接受軍事訓練，成為鄂圖曼新軍（Janissary）。這些男孩不許結婚，但若有才能，可被提升至將軍，或是宰相。這些新軍是奴隸，也是鄂圖曼帝國最有戰力的一支軍隊。

成為牧首新駐地的聖徒教堂位於君士坦丁堡的第四座山丘之上，同時也是君士坦丁堡的地理中心，由此可以居高臨下觀賞馬爾馬拉海及金角灣。一千多年來，拜占庭皇帝在此處建造了富麗的皇家陵墓與教堂，聖徒教堂是拜占庭帝國的第二大教堂，僅次於聖索菲亞大教堂，過去收藏了使徒安德烈、路加和提摩太的遺骸。

有時穆罕默德二世會在深夜的晚禱後來到聖徒教堂，由喬吉奧斯為他介紹基督教信仰。沒有月光的日子，夜裡的聖徒教堂宛若一座死城，僅有教堂內的油燈映照外面一地的破敗與冷清。

有一次，穆罕默德二世好奇地對於聖徒教堂的悲慘景況提出疑問。

喬吉奧斯向蘇丹解釋，這座教堂與附近的陵墓曾在一二〇四年遭第四次十字軍掠奪。包括皇帝赫拉克留在內的大批墓穴被掘出，棺木被打開，以奪取頭骨上的皇冠；教堂內的聖徒遺骸也全數被帶到西歐。

拜占庭巴列奧略王朝奪回君士坦丁堡後，聖徒教堂卻仍舊維持著被掠奪後的荒涼景象。因為這末代拜占庭王朝所統治的腹地太小，農人上繳的賦稅少得可憐，商業上又被熱那亞人與威尼斯人所挾制而徵收不到關稅，皇帝沒有足夠的財源來重建教堂與陵寢。於是，這座拜占庭第二神聖的教堂，就這麼被忽略了兩百年。

最荒謬的是，早年那些被十字軍帶回西歐的使徒聖骸，它們淹沒在一堆贗品之中而難分真偽。十字軍東征後，歐洲同時有數百座教堂宣稱他們擁有使徒安德烈、路加和提摩太的遺骸。

穆罕默德二世想到聖骸充斥歐洲教堂的景象，忍不住哈哈大笑了起來。

VI

西元一四五五年的十二月，一場來自黑海的暴風雨襲擊了已經更名為伊斯坦堡的君士坦丁堡。狂風在金角灣的岸邊掀起超過十公尺的巨浪，將博斯普魯斯碼頭（Prosphorion Harbour）拍得粉碎。第二天，當君士坦丁堡的居民前往岸邊，在殘破的碼頭下方，發現了一座約三公尺高的白色大理石，形狀猶如一個乘著白馬的戰士。

從那天起，城中的基督徒間開始流傳著一個說法：皇帝君士坦丁十一世並未陣亡，城破的當天，大天使米迦勒，也就是君士坦丁堡的守護者，從天空中降下，帶走了身負重傷的皇帝與他騎乘的白馬。大天使米迦勒將皇帝變成金角灣旁的白色巨石，等到神將生命之水再度賜給皇帝，皇帝將帶領基督徒重新奪回君士坦丁堡，神的榮耀將再度歸與這座城市。

牧首喬吉奧斯也從幾位神職人員中聽到了這種說法。他過去在東西教會合併一事上與皇帝持相反的立場，但他與全城的希臘人一樣，都敬愛著這位高貴又親切的皇帝，從未說過君士坦丁十一世的一句壞話。

一開始喬吉奧斯認為，這是遭逢喪國之痛的基督徒所想像出的故事，為要在穆斯林統治之下，能夠活得有盼望。直到幾天後的一場異夢徹底地改變了他的想法。

那一夜，天黑得很早，黑海飄來的烏雲籠罩著整座城市，帶來了徹夜不停的大雨。前幾天的暴風雨颳走了聖徒教堂屋頂的幾十片瓦片，導致教堂內到處漏水。原本負責維修的工匠被土耳其人徵召去修復博斯普魯斯碼頭，從牧首的房間到祭臺桌旁，到處是用來承接漏水的各式容器。

喬吉奧斯做完晚禱後，回到寢室準備就寢。房內不斷有水滴從天花板落下，發出惱人的滴答聲，喬吉奧斯必須要以被子蒙著頭才能入睡。

夜裡，喬吉奧斯覺得膀胱發脹，起了身卻找不到床邊的夜壺。他下了床，提起房內那盞昏暗的油燈，環顧四周後，卻發現門邊擺了蓋著白布的金色聖杯。原本應該鎖在教堂聖物櫃的聖杯，只有在聖餐禮儀才會被拿來出來，不知何時被擺到牧首的房門邊。

喬吉奧斯為了這褻瀆的惡作劇，氣得尿意都消失了大半。他走到門邊，卻發現門栓還好好地拴著。他蹲下了身，把油燈放在一旁，小心翼翼地取起聖杯。一股冷到骨子裡的寒風，穿過了門縫，吹在他的單薄的棉布衣上，讓他起了一陣寒顫。還好一旁的油燈只是暗淡了一下，沒有被這陣風給熄滅。

這房門並非通向室外，怎麼這風如此的濕冷？牧首心裡疑惑著。仔細聽，雨滴的滴答聲中還夾雜著馬蹄落在石板地上的答答聲，而這馬蹄聲明顯是由房門後所傳來。

喬吉奧斯打開了門栓，房門外卻不是他所熟悉的聖徒教堂。藉著他腳邊的燈光，他隱約看到了高大的科林斯（Corinthian）石柱與柱頂的羅馬拱門。無疑，這是座宮殿，但這宮殿不但一片漆黑又異常寒冷。宮殿的屋頂某處似乎也正滲著水，水滴規律地落入水池中，發出滴答的水聲。

距離喬吉奧斯約十公尺之外，站著兩個人與一匹馬，剛剛的馬蹄聲顯然是那匹馬走近時所發出；其中一個人披著蓋住頭的袍子；另一人戴著土耳其頭巾，但頭巾纏繞的樣式卻有些怪異，喬吉奧斯對這頭巾的樣式有些印象，但一時想不出在哪看過。

戴土耳其頭巾的男子舉起了手，示意要喬吉奧斯走近。

喬吉奧斯右手提起了油燈，左手握著聖杯走向前，剛踏出了房門，一回頭一瞥，房門已經消失。除了喬吉奧斯與那兩人之間的走道外，周遭是一片巨大的水池。不遠處的石柱刻著古希臘神話中蛇髮女妖梅杜莎(Medusa)，她令人生畏的頭顱被倒置在水中。喬吉奧斯心想，這到底是什麼地方。

「這裡是聖索菲亞教堂旁的地下水宮殿，在查士丁尼大帝統治時期就已經興建。這裡是全君士坦丁堡最接近地獄的地方。」戴頭巾的男子似乎聽見喬吉奧斯心裡的問題。奇怪的是，戴頭巾的男子並未發出聲音，他的回答卻在喬吉奧斯腦中浮現。

喬吉奧斯謹慎地踩著潮濕的石板，緩步走向戴頭巾男子的身旁。男子伸出手，接過了他手中的油燈。油燈所發出的黃色光線照在男子的臉上，映出那如水蒼白的臉龐，以及一雙藍色的眼睛。

喬吉奧斯想起來，就任牧首那天的遊行中，在聖索菲亞大教堂旁盯著他看的男子就是眼前這位。當時他就覺得這男子的容貌十分熟悉，但總是回想不起來他的身分。這一次見面，這熟悉的感覺更強烈了。

不需要言語就能與人溝通；除了神，就只有天使擁有這種能力了。

「天哪！我早該認出來。」

喬吉奧斯拍了一下自己的額頭。這力量如此的大，地下水宮殿各處都迴盪著「啪」的聲響。

「我自幼就見過祢無數次，祢是米迦勒，熾天使之首，聖索菲亞大教堂圓頂的四根柱上畫著四尊熾天使，米迦勒、加百列、拉斐爾、烏列，唯有祢露出臉來。」喬吉奧斯興奮地說。

米迦勒向他點了點頭，但他的表情仍然嚴肅，沒有任何笑容。

米迦勒身旁的男子此時掀起了蓋住頭的外袍，露出了一張輪廓鮮明的臉龐，臉上有著濃密的絡腮鬍與威嚴的眼神。喬吉奧斯認出他是所有希臘人都深深愛戴的皇帝——君士坦丁十一世。

「主教，好久不見了。」君士坦丁十一世發出聲音說。

VII

喬吉奧斯的心情既是興奮又是迷惘。

「所以傳言是真實的！天使長拯救了陛下，如今要帶領陛下的子民重新奪回君士坦丁堡？」喬吉奧斯對著皇帝問。

他向前靠近一步，想要拉住皇帝的衣襟，皇帝卻往後退了一步。

「主教，還記得城破的那一天，全城的百姓都聚集到聖索菲亞教堂吧。他們呼求主保護拯救這座城，呼求這座城的守護者米迦勒能從天而降。」皇帝說。

喬吉奧斯點點頭表示知道。不過自從東西教會聯合彌撒後，他就未曾踏入聖索菲亞教堂。城破那天，也是待在他服事的全能者修道院。

皇帝接著說：「當土耳其人的箭矢射穿我的心窩，我見到了天使長米迦勒，祂張開著六張翅膀從天而降。我懇求祂殺光土耳其人，就像當年祂在耶路撒冷城的牆邊，一口氣殺光了十八萬五千名亞述士兵。但那一天，天使長卻不阻擋那些湧入城中的土耳其士兵，只打算將我的靈魂帶離戰場。」

「土耳其的勝利是主所定規的結局。無論是人或是天使都無法改變。經過英勇與痛苦的戰爭後，皇帝的靈魂應該安息於主懷之中。但他的靈魂卻如何不願離開這座城市，他的心裡還有著沉重的憤怒，我的六張翅膀也無法將他帶回到天上去。」一旁的米迦勒說。

「天使長將我變成金角灣旁的一顆大理石，因為唯有大海能煉淨我的憤怒。白天，我就坐在博斯普魯斯碼頭，聽著海浪拍打著海岸。沒有月光的夜裡，我的靈魂就乘著這匹白馬，穿梭於城裡充滿回憶的街道。坦白說，希臘人以及君士坦丁堡的現狀，比我當初想像的好得多。這一點要感謝主教你的功勞。」皇帝說。

喬吉奧斯漲紅了臉，他不知道皇帝這話是嘉許，還是責備他臣服於土耳其人。

皇帝接著說：「前幾天的暴風雨夜，我站在拆除中的君士坦丁廣場，與孤伶伶的羅馬石柱一同望著巨浪拍打著金角灣畔的城牆。廣場上到處散落著身首異處的焦黑雕像，那些土耳其士兵以烈火焚燒這些古代拜占庭皇帝的雕像，好熔化貼附在雕像上的黃金。天使長不知何時就站在我的身旁，祂告訴我，該是離開的時候了。我向天使長請求，我想要見到三個基督徒，見過這三個人，我便願意隨祂離開這座城市。這三個人是匈牙利人烏魯班（Orban）、羅馬教宗尼古拉，還有君士坦丁堡牧首，就是主教您了。」

喬吉奧斯心裡有點難過。皇帝所選的前兩個人，一個是為了財富，不惜將製造巨砲的祕密賣給土耳其人的無恥科學家，一個是運用要脅的手段，強迫正教與天主教統一的羅馬教宗。這兩人深為希臘人所痛惡，但皇帝卻將他的名字與兩人並列在一起。

「我同意了皇帝的請求。只是，這三人如今只剩主教您一人仍在人間，另外兩人都已經去世。在皇帝的建議下，主教您將與我們一同到地獄中去拜訪另外兩位基督徒。」米迦勒說這些話時，嘴唇依舊沒有打開，臉上也沒有任何的表情。祂頭上盤繞的頭巾突然打開了起來，原來盤在米迦勒頭上的頭巾正是祂的六張翅膀。

VIII

隨著米迦勒張開了祂的翅膀，祂的身上發出了刺眼的光芒，喬吉奧斯直覺地閉上了眼。等到亮光消失，重新睜開眼，他們三人已經不在地下水宮殿。

三人站在一座山谷的邊緣，這山谷從上到下逐漸縮小，猶如一個巨大的漏斗，強勁的熱風由山谷下方吹上來，夾帶著各種的哀嚎聲。

喬吉奧斯心想：過去我們正教徒不相信有煉獄（Purgatory），因為聖經中從未提到過煉獄的概念。如今看來，拉丁人但丁所說的煉獄似乎不假！

米迦勒在一旁告訴他：「並非所有人都會來到煉獄。拉丁人創造出煉獄這個概念，所以主就給他們煉獄。」

沿著燧石板，他與皇帝隨著米迦勒一步步往山谷下方走。不一會，來到了一根巨大的青銅砲管前。這砲管足足有十公尺長，口徑有七十五公分，上面還有鐵鍊綁著一個赤裸的金髮男子。一隻黑色的小魔鬼正在添加砲管下方的柴火，整座砲管因高熱而發出淡淡的紅光，而被縛男子的身軀不斷地扭曲，喉嚨發出沙啞的哀嚎。

小魔鬼感覺到有人接近，於是轉過身來。一見到熾天使米迦勒，隨即害怕地鑽入了沙地中，只留下一個拳頭大的地洞。

米迦勒對著男子說：「受苦的罪人哪，告訴我，你是如何喪失你的生命。」

男子低聲呻吟地說：「我名叫烏魯班，我為土耳其蘇丹打造攻打君士坦丁堡的巨砲。我所設計的巨砲威力雖大，但是操作困難，一天只能擊發七枚砲彈。蘇丹不斷要求加快砲擊的速度，士兵因此而無法仔細確認每一個步驟。在一次發射中，其中一門巨砲發生了爆炸，當時我就站在一旁，我的身體被炸得粉碎。之後，魔鬼就將我帶來了此處。」

君士坦丁十一世走到男子的身邊，望著身上滿是燒焦痕跡的烏魯班說：「你這貪慕錢財的惡人，張開你的眼，看看我是誰。當初我沒有買下你兜售的巨砲，你竟然將它出售給了基督徒的敵人。因著你的巨砲，君士坦丁堡的城牆最終被轟垮，上帝的城市落入了土耳其蘇丹的手中。」

烏魯班勉強地張開了眼，望著君士坦丁十一世，以沙啞的聲音說：「陛下！請饒恕我。您還記得嗎，當年我到拜占庭的宮廷裡介紹我的發明，在場的大臣都以輕視的態度來對待我。然而，土耳其蘇丹看重我、厚待我，因此我願意不眠不休為他打造這巨砲。我並不是貪愛錢財的人，我的畢生都投注於金屬與火藥，一心只想著如何造出最有威力的武器，甚至故意不去思想，這武器將會帶走多少生命。我有罪，因我沒有看重每一個神所賜的生命。」

「當巨砲所發出的第一枚砲彈擊中城牆，劇烈的震動讓君士坦丁堡裡的四十名孕婦同時都流了產，因此烏魯班得在此受痛苦四十年，以煉淨他的罪孽。」米迦勒在一旁說。

「不是因為他幫助了土耳其人？」皇帝問。

「不是。」米迦勒搖著頭回答。

米迦勒左手仍舊握著油燈，右手指了指喬吉奧斯手上的聖杯。於是喬吉奧斯忍著熱氣走到了砲管旁。

「主呀，我們懇切地禱告祈求祢，派遣聖靈下到我們身上和這杯上，使在這杯內的成為基督的寶血。」喬吉奧斯高舉起聖杯。

「阿們。」皇帝、米迦勒與烏魯班應和著。

喬吉奧斯雙手捧著聖杯，倒了一點杯裡的葡萄酒到烏魯班的口中，隨後以蓋在聖杯上的白布擦拭杯緣的葡萄酒。

隨著葡萄酒進入烏魯班的體內，他臉上的痛苦的表情緩和了下來。背後燒傷的黑色肌膚一塊塊落下，更新為雪白的肌膚。

「多謝你，主教。我還有兩個兄弟，他們為威尼斯人的戰艦打造巨砲。求你為他們做見證，免得他們也來到這痛苦的地方。」烏魯班說。

喬吉奧斯點點頭表示同意。但是他心中想，世人若不親自經歷神，就算聽到死裡復活的見證，他們也不會悔改。

IX

米迦勒繼續領著兩人，沿著燧石板往山谷下方走。越往下走，熱氣越是逼人，喬吉奧斯只得頻頻拉起衣襟來擦汗。異常肥大的牛虻和馬蜂不時在身邊圍繞，要是被叮上一口，恐怕肉都會被咬掉一塊。

「還要走多久才能找到教宗尼古拉？」喬吉奧斯忍不住問領在前頭走的米迦勒。

「我們還要經過縱慾者、貪婪者、暴怒者、欺詐者、異端者，才能抵達尼古拉所在之處，他位於煉獄之下的地獄底層。」米迦勒回答。

拉丁人的教宗居然被打入地獄，看來世間教會的墮落已經到了極點。身為牧首的喬吉奧斯心裡不禁感到強烈的悲傷與恐懼。

當喬吉奧斯的雙腳已經累到快要抬不起來，眼前出現了一座城門。城門以青銅打造，城牆則由人骨堆疊而成。一隻比獅子還大一倍的三頭犬，由碗口粗的鐵鍊拴著，蹲坐在門邊，見到三人靠近，站起身來狂吠不已。喬吉奧斯與皇帝嚇得倒退了幾步，但米迦勒卻繼續向門前靠近。

當三頭犬的三個頭都望向米迦勒，米迦勒張開了祂的六張翅膀，翅膀微微的拍動，捲起了夾帶著火焰的狂風，吹向三頭犬與銅門。三頭犬發出悽厲的哀嚎，隨即轉身瑟縮在城牆邊。

銅門隨著狂風而緩緩打開，門裡傳來一個沙啞的聲音，「米迦勒，祢我爭戰的時間還未到，祢為何下到了我的國度呢？」

「我現在也打不過祢，因那至高的權柄尚未來到。我今天是帶著拜占庭皇帝與牧首，前來探望剛逝世不久的羅馬教宗尼古拉。」米迦勒一邊說，一邊腳步並未停下。

「他的身體與靈魂都將滅在這裡，任誰都帶不走。」城裡的聲音說。

「天上的父不認他，我們的確帶不走他。我們只進去看看他就好。」說畢，米迦勒轉身示意兩人跟上腳步。

喬吉奧斯心想，城門內說話的莫非就是撒旦。

「牧首，你猜得沒錯。祂是撒旦，光明與黑暗的轉折點，過去是天使，如今成了惡魔。原本祂也是貴為天使之尊的熾天使，但他拒絕向人類始祖亞當叩頭，並率領三分之一的天使反叛，被我父打入混沌之中，最後落入了地獄，在此建立了祂的王國。」米迦勒說。

喬吉奧斯走入城門後，只見到一片濃霧，濃霧之中隱約可以見到十餘根燃燒的火炬，但是看不清有任何的建築物。他與皇帝緊跟在米迦勒之後，深怕一不小心就會迷失在這濃霧之中。

當他們走近到一根火炬旁，喬吉奧斯發現，這火炬其實是一個倒立的人，身體倒埋在一個小坑洞，腳掌著火，發出一股燃燒油脂的氣味。

「還記得經文上所說，『那殺身體不能殺靈魂的，不要怕他們，唯有能把身體和靈魂都滅在地獄裡的，正要怕他。』墮落的靈魂將在此被燃淨，永遠滅在地獄裡。」米迦勒哀戚地說。

「這倒埋的人正是教宗尼古拉，你們已見到他，這就離去吧！」霧中的聲音說。

「等等，我來此處是有問題要問教宗。」皇帝不願就此離去，因此對著濃霧大聲喊著。

「什麼問題？」霧中的撒旦問。

「我們拜占庭人屈辱地接受教宗兩教合一的條件，甚至被迫在聖索菲亞大教堂舉行拉丁天主教的儀式，為的就是希望東西教會的基督徒能一同擊退土耳其人。然而直到城破的那一天，教宗所應允的軍隊與艦隊卻沒有出現。」皇帝對著埋在土中的教宗提出了問題。但是教宗似乎聽不見他的問題，身體沒有任何反應。

「我來回答你的問題吧。」撒旦說。

濃霧中緩緩出現了一幅景象，但只有畫面，沒有聲音。從逐漸清晰的影像可以看到一條水位高漲的大河，一座石橋跨越這條大河，上面擠滿了人群。石橋旁有座紅色的教堂，喬吉奧斯認出那是位於羅馬的聖契索教堂，所以這地方應該就是羅馬城，而那條大河應該就是臺伯河。

橋上一頭驢子突然受到了驚嚇，在人群中橫衝直撞，人群因而彼此推擠、踩踏。混亂當中，有一百多人從橋上被推入水中，遭滾滾的臺伯河河水沖走。喬吉奧斯與皇帝都不禁著急地發出了一聲：「啊！」

突然畫面一轉，來到教宗的梵諦岡宮殿，宮殿的一個新側翼剛完工，一名畫家坐在鷹架上畫著彩繪的濕壁畫。喬吉奧斯認出他是義大利著名的畫家弗拉‧安傑利科（Fra Angelico），他曾經在佛羅倫斯見過這位著名的文藝復興派藝術家。鷹架下，教宗尼古拉抬著頭，以充滿嘉許的眼光望著安傑利科的作品。

「尼古拉宣布，凡前往羅馬朝聖，並繳納奉獻者，教宗按著天父賦予的權柄，予以信徒特別赦罪，完全洗去他的罪行。短短一年，尼古拉就從前往羅馬朝聖的信徒口袋，獲得超過十萬枚弗羅林幣的奉獻，遠超過教宗領地一整年的收入。這些錢被用來資助藝術家，製作瑰麗的壁畫、雄偉的紀念碑，將羅馬城裝飾成藝術的嘉年華。至於派遣軍隊解救君士坦丁堡一事，則遠不及這些藝術作品來得重要。」撒旦說。

「君士坦丁堡是上帝之城，全城有超過四萬名活生生的基督徒，怎麼會不如那些冰冷的藝術品來得重要。」皇帝氣急敗壞地說。

「未來，每年會有超過四百萬名信徒前往羅馬瞻仰這些偉大的作品。要為未開化的大眾創造堅實與穩固的信仰，就一定要有一些眼睛可以看到的東西；一個只有教義的信仰，必然會走上衰微。羅馬教宗聽從了我的建議，他將教會的權威，以雄偉的建築、紀念碑與藝術品清楚地展現出來，使信仰得以成長茁壯，讓全世界都接受且信奉。」撒旦從霧中說，語氣帶著難以掩飾的得意。

皇帝深深地嘆了一口氣，臉上看得出他懊悔當初與羅馬教宗的結盟。

喬吉奧斯感慨地說：「羅馬教宗，自稱是使徒彼得的繼承者，但當初我主耶穌基督把天國的鑰匙交給彼得時，可沒向他收取一分一毫。」

「在我的地盤，不要提起祂的名字。」濃霧中的撒旦大吼了一聲。

突然間，喬吉奧斯感覺到一股力量從濃霧中襲來，身子被抬了起來，眼前什麼都看不見。當眼睛再見到亮光時，三人已經再度回到地下水宮殿，屋頂滴落的水滴聲，仍舊規律地落入水池之中。

「撒旦將我們趕出了地獄。他在天上曾敗在基督手下，你在他面前念出基督的名，這是他最無法忍受的事情。」米迦勒說。

喬吉奧斯有些沮喪，他十分同情落到地獄最底層的教宗尼古拉。尼古拉以錯誤的方式宣揚信仰而被撒旦俘虜，為了達到他的夢想而背棄了信仰的初衷。

「主教，你就為尼古拉代禱吧。無論是死、是生、是天使、是掌權的、是有能的、是現在的事、是將來的事、甚至是在撒旦掌權的地獄，都不能叫我們與神的愛隔絕。」米迦勒安慰喬吉奧斯。

「前兩個基督徒，陛下您已經見到了。最後一個基督徒就是我了。陛下也有問題要問我嗎？」喬吉奧斯望著米迦勒身旁的皇帝問。

皇帝走到喬吉奧斯前，緩緩蹲下身子，他的眼中盡是對喬吉奧斯期待與讚許的眼神。

「最後，我想請主教賜我寶血。潔淨我，在我離開前。」

喬吉奧斯愣了一下。隨後掀開杯上的白布，小心地捧著聖杯，倒了一點杯中的葡萄酒到皇帝口中，再將白布重新蓋上。

皇帝起身，跨上了等候許久的白馬。米迦勒拉住了白馬韁繩，張開了身後的六張翅膀，身上再度發出了刺眼的光芒。

「天使長，祢與皇帝何時會來解救這城呢？」見兩人打算離去，喬吉奧斯焦急的問。

光芒中，喬吉奧斯看不清兩人的身影，但聽到米迦勒說：「主沒有把未來全盤告訴我，但祂透露了足夠的信息。希臘人會繼續受苦，直等到被煉淨。你們當持續抵擋邪惡，持續等候主的作為，直到安息。」

光芒消失後，喬吉奧斯發現自己正站在房門前，手上拿著聖杯，地上放著油燈，彷彿他從未踏出這道門。然而，這夢境如此的真實，他的雙腿因長時間的步行而痠痛不堪。

天剛亮，喬吉奧斯在細雨中快步前往金角灣畔的博斯普魯斯碼頭。碼頭旁，幾個希臘工人在整修到一半的碼頭甲板上指指點點。喬吉奧斯湊上前一看，那座三尺高的白色大理石已經消失，沒有留下任何痕跡。

其中一個希臘工人信誓旦旦的表示，蘇丹因為害怕大理石真的是拜占庭皇帝的化身，夜裡派遣工兵將巨石炸沉到海底了。

XI

喬吉奧斯帶著複雜的心情離開碼頭邊。沿著拉丁區，慢慢走回聖徒教堂。

君士坦丁堡城內的拉丁區，位置就在君士坦丁公會所山腳下的岸邊。緊臨著君士坦丁堡北岸的兩座碼頭，博斯普魯斯碼頭與紐來恩碼頭（Neorion Harbour）。

穆罕默德二世進城後，為了再次活絡這座城市的經濟活動，下令拆除古代君士坦丁公會所，將公會所一直延伸到拉丁區這一大片土地規畫為市集，可以容納數千商家的巨型有頂市集在此被興建。希臘商人、亞美尼亞商人、猶太人與穆斯林商人一同被鼓勵遷入新的市集之中，以取代過去的拉丁商人。

「早安！牧首大人。」一個賣石榴的亞美尼亞小販認出了喬吉奧斯，向他問安。喬吉奧斯也向他點頭示意。

「牧首大人知道昨夜聖徒教堂發生了什麼事嗎？」小販靠近他的身邊低聲問。

喬吉奧斯搖搖頭。

「全城昨夜都見到聖徒教堂兩次發出了耀眼的光芒。即使在風雨中，那光芒依舊照亮了整座城市。」

「也許是閃電吧。」喬吉奧斯回答。

「不可能有持續那麼久的閃電。大家都說，那是神的榮光呢。」

喬吉奧斯沒有繼續這個對話，他加快腳步回到聖徒教堂。

教堂前，蘇丹的寵臣托蘆桑正在等候著他。

托蘆桑帶來了蘇丹穆罕默德二世的命令。

托蘆桑大聲地朗讀了穆罕默德二世清早寫成的詔書。大意是，蘇丹體恤正教牧首的身體，也知道現在教會經濟狀況不佳，無力維修破敗的聖徒教堂。蘇丹願意提供經費，讓牧首的駐地遷到城北的聖母教堂（Pammakaristos Church），同時聘請義大利的藝術家，重新修復城內各教堂的壁畫。至於殘破的聖徒教堂，蘇丹將交由帝國的首席建築師錫南（Atik Sinan），改建為符合帝國需要的新建築。

喬吉奧斯對這詔令大感意外，因為穆罕默德二世不久前才向他保證過，不會任意將城內的教堂改為清真寺。

念完蘇丹的詔令後，托蘆桑把喬吉奧斯拉到一旁問。

「陛下很好奇，昨晚教堂內出現的光是怎麼回事。」

「那是閃電吧。」喬吉奧斯回答著。

XII

在托蘆桑的指揮下，蘇丹的工人在一週內便迅速將聖徒教堂內所有的聖禮器具，以及所有可以拆下的聖像、雕像、祭壇全數移到聖母教堂。喬吉奧斯無意抗議，因為既然蘇丹打算這麼做，那麼這事就無法改變了。

托蘆桑曾偷偷告訴喬吉奧斯。聖徒教堂出現神祕光芒之後，有伊斯蘭的教長認為此處是全君士坦丁堡最神聖的地方。蘇丹因此下定決心拆除殘破的聖徒教堂，在此處興建一座無與倫比的清真寺。

未來，這座清真寺將被稱為法齊赫清真寺（Fatih Camii），意為「征服者清真寺」。

牧首的駐地遷到聖母教堂後，喬吉奧斯便向蘇丹提出了辭去牧首的請求。他打算前往希臘人的聖山阿陀斯山（Mount Athos）隱居，成為一個歸隱的修士，專心致意地日夜尋求上帝，並為地獄中的教宗尼古拉代禱。

穆罕默德二世一開始並不同意喬吉奧斯的請辭。

在喬吉奧斯的帶領下，君士坦丁堡城內希臘人的生活已經逐漸步上軌道。越來越多的希臘工匠與商人回到這座他們鍾愛的城市。遷入這座城市的土耳其人也不得不承認，希臘人是這座城市不可或缺的一部分。這些都要歸功於喬吉奧斯這兩年來的努力。

然而，在喬吉奧斯的堅持下，最後穆罕默德二世只能勉強同意了他的請辭，改由喬吉奧斯所推薦的伊西多爾主教（Isidore II Xanthopoulos）繼任為君士坦丁堡牧首。

搭船前往阿陀斯山的那一天，喬吉奧斯在博斯普魯斯碼頭上勉勵伊西多爾主教與少數送行的弟子：

「務必牢記，你們必須忍耐，唯有你們行完了神的旨意，才可以得著神的應許。我們不是沉淪的人，反而是堅定仰望得救的人。」

喬吉奧斯與之後的歷代君士坦丁堡牧首，為了保持信仰的純正，甘心接受成為亡國奴的恥辱。他們被歐洲基督徒批評、責備、譏笑、輕視、污辱，也全然忍受下來。

正教所代表的正統基督教信仰，與希臘基督徒那種結合神學與哲學的思考方式，終究因著喬吉奧斯的努力而完整保存下來。四百年後，希臘人進而得以擺脫土耳其人的統治，取得了獨立的地位。

住宿便利貼：

Sinbad Hotel

伊斯坦堡是十足的現代化國際都會，市區旅館的價格直逼西歐大都市的水準。這間旅館為韓國人經營，算得上 Sultanahmet 區內少數經濟實惠的選擇。雙人房一晚五十美金。

Tel: +90 212 518 2305

交通便利貼：

城內最精華的 Sultanahmet 區包括了聖索菲亞大教堂、地下水宮殿、藍色清真寺、托卡比皇宮與大市集，值得用步行的方式細細品味。聖徒教堂所在的位置，現為法齊赫清真寺，可以搭地鐵到 Emniyet 站，再步行前往。

Chapter 8
阿尼

俄羅斯
黑海
提比里斯
伊斯坦堡
阿尼
安卡拉
埃爾津詹
埃爾祖魯
瓦夏巴特
奧圖曼土耳其
穆夕
凡城
迪亞巴克爾
代爾祖爾
大馬士革
地中海

阿尼：

曾經是古代絲路上的重要貿易據點。阿尼的地理位置絕佳，西面背山，東面與南面有阿胡良河（Akhourian River）作為天然護城河。西元九六一年，亞美尼亞國王阿夏特三世（Ashot III）將首都由卡爾斯（Kars）遷到了此處。城內的人口曾達到二十萬，興建了多達一千座的大小教堂。

西元一〇六四年塞爾柱土耳其人攻下了這座城，並將整座城市賣給了一名庫德蘇丹。西元一二三六年，換成蒙古人再度攻陷這座城市。那一次，亞美尼亞居民被盡數趕出城外，西元一三一九年，該城遭受大地震襲擊，但蒙古人無意重建阿尼，這座城市從此一蹶不振。

目前阿尼仍有城牆、古亞美尼亞教堂、塞爾柱時期清真寺、拜火廟等遺址。其中較完整的有聖格列高利教堂，聖使徒教堂、阿尼大教堂（Cathedral of Ani）、救贖主教堂（The Church of the Redeemer）。

I

雅各（Agop Martayan）於西元一八九五年出生於伊斯坦堡的歐洲區，他出生的奧圖曼木造樓房旁有舊貨店、香料店、雜貨店、古書店、麵包店、家具店、賣烤肉串的餐館。這些商家的主人有信仰基督教的亞美尼亞人、希臘人，信仰猶太教的猶太人，當然也有信奉伊斯蘭教的土耳其人。

他的父親是位成功的亞美尼亞商人，特別重視孩子的教育。雅各十歲便進入伊斯坦堡歐洲區的羅伯學院，那是美國人在鄂圖曼帝國創立的第一所學校，擁有從中學到大學的完整教育體系。

羅伯學院的創辦人是美國新教徒富商克里斯多福．羅伯（Christopher Robert），他立志提供不同宗教、種族背景的學生高水準的現代化教育。雖說是新教徒創立的學校，校內卻厲行世俗主義，不讓任何一種信仰干涉教學。

雅各在語言上的天分很快在學校中就展現出來，除了亞美尼亞語、土耳其語、英語，畢業前，他已經能夠完美掌握俄語、德語、西班牙語、希臘語、拉丁文與保加利亞語。

雅各以優異的成績畢業後，繼續留在羅伯學院擔任助教。直到一九一五年春天，他收到了鄂圖曼軍隊的召令，離開了他熟悉的伊斯坦堡，成為東部高加索戰區的預備軍官。

一九一四年第一次世界大戰爆發，鄂圖曼帝國當時名義上的統治者是蘇丹穆罕默德五世，但整個國家事實上是由青年土耳其黨所掌控。這個由年輕軍官與革命分子組成的集團，以殘酷卻又天真的手段治理這個古老的帝國。黨內地位最高，被稱為帕夏三人組，有國防大臣恩維爾（Enver Pasha）、海軍大臣杰馬爾（Djmal Pasha）、內政大臣塔拉特（Talat Pasha）。

原本鄂圖曼政府內部對於要支持英法俄為首的協約國，還是德國與奧匈帝國的同盟國，並沒有任何共識。德國為了牽制俄國的部隊，與國防大臣恩維爾簽下密約，答應向鄂圖曼政府提供一億法郎的貸款，以換取其參戰。鄂圖曼政府於一九一四年十月二十九日正式向英、俄、法宣戰。由恩維爾親自統領高加索戰區的第三集團軍，向俄羅斯發起進攻。

宣戰當年，恩維爾年僅三十三歲。他草率地讓整個國家在缺乏準備的狀態下捲入了世界大戰。他在高加索戰區的表現更是一塌糊塗，他魯莽地下令第三集團軍在冬季發動攻勢，由東北部的基地埃爾祖魯（Erzurum）攻擊位於土俄交界的薩里卡米斯（Sarıkamıs），企圖奪回已經割讓給俄國五十年的大城卡爾斯。

機動能力不佳又缺乏冬季作戰裝備的鄂圖曼軍隊，深陷於安那托利亞冬季的風雪與酷寒之中。三個月後，恩維爾所率領的十萬大軍只剩下一萬多人，戰死、凍死的鄂圖曼士兵超過七萬人。

吞下敗仗的恩維爾灰頭土臉地回到伊斯坦堡，但是他的政治地位並未動搖。他將戰場的失利歸咎於鄂圖曼軍隊中那些陣前倒戈的亞美尼亞裔士兵，還有當地亞美尼亞游擊隊發動的襲擊。恩維爾指控，當俄國沙皇尼古拉二世巡視薩里卡米斯前線的俄國部隊，他的身邊陪伴著亞美尼亞主教，主教向沙皇保證，「所有土耳其境內的亞美尼亞基督徒都願意為沙皇效力，期盼沙皇的軍隊早日解放博斯普魯斯海峽與君士坦丁堡。」

雅各的部隊駐紮在凡湖西方，距離大城穆夕（Mush）不到二十公里的山區。當地高原乾燥的氣候，與受到黑海海風滋潤的伊斯坦堡十分不同，那裡的村莊中住的多半是亞美尼亞農人，每個村裡至少都有一座八角錐形屋頂的亞美尼亞教堂。

一九一五年春天，當地的情勢十分緊繃，因有情報指出，俄軍正準備對凡城與穆夕發動攻擊。凡城內占多數人口的亞美尼亞人，因為擔心當地的土耳其穆斯林會對他們不利，率先開始武裝自己。德國軍事顧問與當地的鄂圖曼官員不斷要求青年土耳其黨的帕夏們，強制將當地的亞美尼亞人遷離，否則一旦俄軍發動進攻，鄂圖曼軍隊將會遭受內外兩邊的夾擊。

四月二十九日，內政大臣塔拉特正式通過《特西爾法》（Tehcir Law），宣布鄂圖曼土耳其境內所有亞美尼亞組織為非法。伊斯坦堡、凡城、穆夕、特拉布宗、埃爾祖魯等地的亞美尼亞領袖紛紛遭到逮捕，鄂圖曼境內的所有亞美尼亞人，除非歸信伊斯蘭教，一律必須遷移到敘利亞的代爾祖爾（Deir ez-Zor），而那裡事實上是荒漠一片。

雅各在部隊中並不知道《特西爾法》的通過，也不清楚凡城內的亞美尼亞人已經公開與鄂圖曼軍隊作戰。但自從一九一五年四月後，他與軍隊中的其他亞美尼亞人都被編入無武裝的勞動營。出生於優渥的環境，雅各從不知道人類可以在如此惡劣的環境下存活。寒冷戰壕中到處都是腐爛的食物與排泄物所發出的惡臭，不潔飲水與食物讓他終日腹瀉不止，但是部隊中的醫官不會給亞美尼亞裔士兵任何藥品。

雅各嘗試著找機會向家中寫信，希望富有的父親能找到具有影響力的軍方人士，恢復他軍官的身分。然而，部隊裡拒絕為任何亞美尼亞裔士兵寄送信件，雅各只能貼身收藏著他的家書，等待信能有被寄出的一天。

勞動營的亞美尼亞裔士兵之間瀰漫著一種想法，與其讓土耳其人折磨到死，還不如加入同為基督徒的俄軍，基督徒可以一起將土耳其人趕出安那托利亞高原。亞美尼亞人已經在這片土地上生活了四千年，亞美尼亞人才是這塊土地的主人。

五月份，俄國將軍尼古拉．尤登尼奇（Nikolai Yudenich）以解救基督徒為名，開始對凡城與穆夕的鄂圖曼軍隊發動攻擊。

因為武器與彈藥嚴重短缺，雅各的部隊沒有進行太多的抵抗，鄂圖曼指揮官下令部隊往西南方的迪亞巴克爾（Diyarbakir）撤退。在持槍的土耳其士兵監視下，雅各與勞動營的夥伴們，艱辛地以人力搬運各式沉重的裝備後撤。

就在太陽即將隱沒的傍晚，俄軍突然由東方對後撤的部隊展開砲擊。隨著砲彈畫過空氣所發出的低鳴聲，一枚俄軍的砲彈不偏不倚地落在雅各身後的隊伍中。

爆炸造成了一個數公尺的大坑，殺死了雅各身後十幾名士兵，包括幾名持槍的土耳其士兵。雅各雖然也被砲彈碎片割傷，但是幸運地沒有大礙。

砲擊在隊伍中造成了巨大的混亂，所有人都在尋找掩護。幾個亞美尼亞裔的士兵趁機取走了死亡土耳其士兵的槍支與彈藥，脫離了隊伍，逃往俄軍準備進入的城市穆夕。

雅各沒有拿到槍，也不想加入俄軍，但他害怕指揮官會把一切罪過算在他的頭上。短暫考慮後，他頭也不回地往北方狂奔。

III

在略帶寒意的夜裡，雅各一個人在白楊樹林中走了好幾個小時的路，沒有遇上任何一個俄國士兵或是土耳其人。只有遠方零星傳來的槍砲聲。

清晨，他的前方出現了一條寬闊的河流。他猜想這應該是穆瑞特河（Murat nehri），發源自亞美尼亞的聖山亞拉臘山，一路向西流經凡湖北方的山谷間，來到八百公里外的穆夕，河岸旁沒有任何渡河的工具。雅各望見遠方西邊的一處臺地上，似乎有座亞美尼亞人的村莊，因為可以看見八角錐形教堂屋頂，那正是亞美尼亞教堂的記號。

當他走到了村莊，發現那裡一個人也沒有。教堂圍牆的一部分已經倒塌，教堂的建築本體也被炸開了一個大洞。街上有幾間房子遭到縱火，只剩下焦黑的石牆，沒有被燒毀的房屋也是零亂不堪，像是歷經數次的搜索，直到確認沒有任何值錢的東西。

一股令人作嘔的屍臭隱約由教堂的圍牆後發出。雅各累壞了，沒有力氣，也沒有勇氣進入教堂尋找屍臭的來源。他找了間沒有被焚盡的屋子，拾起一塊石頭枕在頭下，蜷曲著身子，很快便進入了沉睡的狀態。

不知道什麼時候，有隻乾枯的手使勁地搖著他的肩膀，雅各從睡夢中嚇得跳了起來。一轉身，一個身穿白衣的年老婦人坐在他的身邊，雙頰深陷，額頭滿布皺紋，一邊推著他，一邊以亞美尼亞語問反覆地問著他：

「你是來找那本傳道書的嗎？」

「你是來找那本傳道書的嗎？」

雅各睜開眼，屋裡漫布著夕陽漫過門窗的金光。他坐起身，搖搖頭。

「非常抱歉，我沒看到什麼書。我是鄂圖曼第三軍團的軍官，因躲避俄國人的攻擊而走失，抱歉冒昧進入了您的房子。」雅各不敢將自己已經成為逃兵的事實說出來。

「你是亞美尼亞人吧。我見到了落在你身旁的信紙。雖然我不認識字，但我還看得出那是亞美尼亞文字。」

雅各往懷中一摸，果然信已經不在身上。

婦人見狀，便把那一疊因長時間被汗水浸濕而發黃的信紙交還雅各。

「年輕人，你叫什麼名字。」

「我名叫雅各。」

「這是個好名字，耶穌基督的弟弟也叫做雅各。」

「這裡是什麼地方？村裡的人都到哪去了？」雅各問。

「這裡是伊基茲勒村（Ikizler）。一個月前，來自穆夕的軍隊集合了村裡所有的男人，他們被帶到空地，掘了自己的墳墓，然後全部遭到槍決。軍隊離開沒多久，又來了庫德族的強盜，他們帶走村裡一切可以賣錢的東西，銀杯、燭臺、農具、鍋碗、牲畜、女人，連教堂的木門都被拆走。」老婦人一邊說一邊拭著爬上皺紋的淚滴。

「只有您活了下來？」雅各問。

「只有我跟我的兩個媳婦活了下來。我的兩個兒子跟丈夫十幾年前就死了。土耳其軍隊進村前，我的丈夫托夢告訴我，大難就要臨頭。我告訴主教還有村裡其他人，但是沒有人相信我。我的兩個媳婦跟我一同躲到山裡，只有我們活了下來，其餘的人全死了。」

老婦人閉眼深深地吸了一口氣，彷彿餘悸猶存。

「當我們三人回到村裡，見到教堂被炸開了個大洞，顧不得回家，我拉著兩個媳婦前去教堂查看。見到主教與幾個修士的屍體就倒在十字架下，身上沒有一吋皮膚沒有傷痕。我不忍他們曝屍在外，便要媳婦在教堂的院子裡掘個淺墳，好埋葬主教與教士們。媳婦挑了一塊看來土質較鬆軟的地，一挖便發現了由麻布所包好的傳道書。」

「這本傳道書想必非常重要。」雅各問。

雅各雖然是亞美尼亞人，但卻很少上教堂。他求學的羅伯學院雖有基督教新教教堂，雅各依舊一次也沒有進去過。對雅各來說，各種宗教都是落後又愚昧的象徵，無論是伊斯蘭、猶太教還是基督教。

「我們教堂裡的傳道書，就是有名的《穆夕道書》。我以為每個亞美尼亞人都知道這本書。」從老婦人的眼神看來，對於有人沒聽過傳道書這件寶物，感到不可置信。

「我相信是主教把傳道書埋在地下，為的是不讓土耳其人奪走這亞美尼亞基督徒的聖物。我擔心不久庫德強盜又會來到，便要媳婦把書帶到安全的地方。只是，這傳道書足足有二十八公斤重，我們也不清楚到底哪邊是安全的地方。於是，我們合力把書拆成兩半，由大媳婦帶著上半部書往東方的瓦夏巴特走，二媳婦帶著下半部書往北方的埃爾祖魯走。她們已經出發了兩個星期之久。」

「現在鄂圖曼軍隊正與俄羅斯的部隊作戰，一般人要前往這兩個地方已經非常不容易，更何況是您的兩個媳婦。」雅各擔心地說。

「傳道書是七百年前亞美尼亞王國的聖物。我雖然不識字，不知道上面到底寫了些什麼。但是我知道，凡是信仰上帝的亞美尼亞人就有責任，將這神聖的傳道書保存在安全的地方。」老婦人堅定地說。

「您還相信有神嗎？在發生了這麼可怕的事之後。如果有神，神怎麼會讓這麼可怕的事情發生在這個村莊。」雅各問。

年老的婦人再度以難以置信的眼光望著雅各。

「我一度懷疑神是否已經掩耳不聽我們的禱告。但無論如何，我都無法相信沒有神。主耶穌的弟弟雅各在主耶穌釘上十字架前也不相信祂，但後來雅各成了耶路撒冷教會的領袖，勸導基督徒在百般試煉中，都要以為大喜樂。你的名字也叫做雅各，倘若你現在還不認識主，我相信，總有一天主會讓你認識祂的憐憫與慈悲。」

雅各沒有再爭辯下去，他暗想，死了這麼多人，神的憐憫與慈悲到底在哪。

IV

第二天，雅各帶著老婦人烤給他的臘法希餅（Lavash）告別了老婦人。臘法希餅是亞美尼亞人對無酵餅的稱呼。只用麵粉、水、鹽所烘焙的薄餅，非常適合長時間的攜帶。

雅各決定繼續往北方前進。雖然前往東方瓦夏巴特的路程比較好走，那裡又是亞美尼亞人的故土，但是當地雅各沒有認識的親人或朋友。雅告心想，若是他能到達北方的黑海濱，他就有機會搭船回到伊斯坦堡，或是前往保加利亞，在當地他有好些親戚可以投靠。

出發前他答應老婦人，會打聽她那前往埃爾祖魯的二媳婦與傳道書的下落。他十分佩服老婦人與她的兩個媳婦，願意冒著生命危險來護衛古老的聖物。雖然他自己並不相信這古老的傳道書有任何的神祕力量，否則擁有傳道書的亞美尼亞人也不會受這麼多苦了。

埃爾祖魯位於穆夕北方約一百五十公里，距離雖然不算長，但中間相隔了數座東西向的山脈。精通語言的雅各，裝扮為山中的庫德牧人，獨自一人以步行的方式在夜裡趕路。終於在三週後，抵達埃爾祖魯南邊的帕蘭德肯山（Mt. Palandöken），從山上可以望見埃爾祖魯著名的巨大雙塔。那是十三世紀塞爾柱土耳其人所留下的清真寺喚禮塔。

清晨，雅各經過山腳下一個土耳其村莊，混雜著各種動物與蔬果的氣味吸引了他的注意。原來當地正進行著一週一次的早市，雅各大膽地隨人群穿梭在農產品為主的小販之間。

經過幾週獨自一人的跋涉，沒有比人聲鼎沸的市集更能安撫疲憊孤單的雅各了。雖然身無分文，雅各還是撿到了幾個被蟲蛀了的番茄、一顆撞破的香瓜來充飢。在過去，受損的水果是不可能上得了雅各家的餐桌，但如今雅各卻滿足地大口咬著這來自大地的新鮮滋味。

突然間，兩個年輕庫德男子販賣的東西吸引了他的注意。他們用一條禱告毯鋪在地上，上面堆放著看來不屬於他們的物品。幾張銀盤，幾支鋼筆，一個裝飾著十字架的銀盒，一只菸斗，還有幾件女性的首飾。

雅各擔心他的口音被識破，只敢站在十步之外望著這兩個庫德男子。一個披著頭巾的老婦向前拿起了鋼筆，與其中一名男子說了幾句話，之後又低身放下了鋼筆，接著一臉氣憤地離開。那名男子同樣不悅地在身後嘟囔著，但是雅各聽不見他們在說些什麼。

雅各好奇地跟在老婦人身後，走到人群較稀少之處，便在老婦人身後低聲說：「願真主賜您平安。」

「願真主賜你平安。」婦人一邊回答，一邊有點吃驚地打量了雅各一眼。

「請問剛剛那兩個人賣的是什麼東西呢？」雅各問。

「我本想買支鋼筆給我的孫子。但一問之下，那些東西是來自那些被驅逐的亞美尼亞人，他們由亞美尼亞人那搶奪來那些東西。你該不會是跟剛剛那兩個混蛋一夥的吧。」

「不是！不是！」雅各想起自己的庫德裝扮，趕緊連忙否認。

「他們掠奪了那被驅逐的亞美尼亞隊伍。他們不該這麼做。亞美尼亞人也是有經書的子民，是我們的鄰人。真主不會喜悅我們去掠奪鄰人的財富。」

「對不起，我之前都住在山裡面，不知道城裡發生了哪些事。請問，埃爾祖魯城內的亞美尼亞人都被驅逐了嗎？」

「不只城內，這附近所有的亞美尼亞人都被驅逐了。城裡的亞美尼亞學校被關閉，教堂被拆毀，經書被堆起來燒掉，城內的憲兵還到處搜索躲藏起來的亞美尼亞人。我聽到有人對一些亞美尼亞女人做了很可怕的事情，那是真主不可能會喜悅的事情。我看你像個好人，千萬別去做這些事情。」說罷，老婦人加快腳步離去，留下呆若木雞的雅各。

聽完婦人的話，雅各體認到他的祖國鄂圖曼正對亞美尼亞族的國民進行一場全面且殘酷的迫害，他不禁擔憂起那些在伊斯坦堡的家人。

V

聽到埃爾祖魯城內正在搜捕亞美尼亞人，雅各打消了進入埃爾祖魯城的念頭。由埃爾祖魯到黑海濱還有一百多公里的路程，當初由穆夕所帶來的無酵餅已經喫盡，雅各口袋也沒有半毛錢。雅各絕望地在躺在帕蘭德肯山區的一個山洞之內，沒有力氣再走到任何地方。他心想，也許這裡就是他生命的終點了。

清晨，一男一女進入了他躲藏的山洞，雅各聽見他們以亞美尼亞語交談，但他太累了，並沒有起身回應。

男人生起了火，女人隨著亮光發現了打扮成庫德族牧人的雅各，並發出尖叫。男人拿起了刀，走近了雅各。雅各連忙以亞美尼亞語大叫：

「別殺我。我也是亞美尼亞人。」

男人放下了刀，驚喜的詢問他的來歷。

這一男一女看來約莫與雅各同樣年紀，身上也穿著破舊的庫德服裝。在溫暖的夥伴與柴火的鼓舞下，雅各簡單的說明了自已的伊斯坦堡出身與逃兵的經過。這一對男女靜靜聽完後，男子加了點柴火，說出屬於他的故事。

男子叫做所羅門（Soghomon Tehlirian），來自於埃爾祖魯西方的小城埃爾津詹（Erzincan），當地約有兩千多名亞美尼亞人。他的父親在當地經營商店，收入相當不錯。所羅門有三個姐姐與兩個哥哥，都接受了良好的教育，所羅門前一年才剛從大學取得機械工程的學位。

三個月前，因為《特西爾法》的通過，所羅門一家人與當地所有的亞美尼亞人被迫流放，在當地的軍警監視下，集體往南方的敘利亞押送。

隊伍離開埃爾津詹十幾公里後便不再前進，因為押送的軍人開始掠奪亞美尼亞人隨身的行李，稍有姿色的婦女也被從隊伍中拉出。所羅門的姐姐在他的母親面前，被一名憲兵拖到一旁的草叢凌辱，她的母親悲憤地不停嘶吼著，「你們刺瞎我吧！為何讓我看到這一切。」

軍人掠奪之後，輪到一旁虎視眈眈的暴民。他們搶奪的手段更為殘暴，包括強迫女人脫下衣服，以便他們搜索她們身上所藏的珠寶。所羅門認得出來，有些暴民來自城內，就住在離他父親店鋪不遠的穆斯林社區內。

所羅門與他的兄弟試圖拿起石塊抵抗暴民的攻擊，一旁的軍人便開始向他們開槍。他的母親頭部中槍倒地，他父親與哥哥被暴民的斧頭活活砍死。同樣為斧頭所傷的所羅門，在混亂中昏死了過去，當他再度清醒過來時，他哥哥的屍體還壓在他的身上。他掙扎起身，到處是亞美尼亞人的屍體，只有他一個人活了下來。

受傷的所羅門走了一整夜，最後倒在一個庫德農家前。一對好心的庫德老夫婦收留了他，並花了兩個月的時間治好了他身上的傷。老婦人告訴他，在東方的喬治亞，那裡的亞美尼亞教堂收留了不少由土耳其逃出的亞美尼亞難民。

所羅門很感激這對庫德老夫妻，他不想連累他們，他知道任何協助隱匿亞美尼亞人的行為都是死罪。於是，他拿了幾套破舊的庫德服裝與乾糧離開了老夫妻。

所羅門一路往東行，打算前往喬治亞的首府提比里斯（Tibilis）。他白天找隱蔽的地方休息，晚上就靠月色趕路。途中他沒有遇上其他的亞美尼亞人，直到幾天前來到埃爾祖魯城郊，才在夜裡遇上了身旁的女子。

當所羅門遇到她時，她的樣子十分悽慘，似乎遇到了很可怕的事情。所羅門也不打算開口問她，他自己身上已經有夠多悲慘的故事了。他只知道她叫做路德，是個亞美尼亞人，其餘的她什麼也不願多說。

從三人相遇的那一夜起，他們便一同結伴東行。

往喬治亞的路上必須經過由俄羅斯所占領的卡爾斯，三個人不知道俄國人對於亞美尼亞難民的態度，因此維持著白天休息，夜晚趕路的方式前進。

雅各發現所羅門無疑有很嚴重的精神問題，他的眼睛總布滿血絲，彷彿仍舊深陷在慘劇發生的那一天。雅各不知道要如何安慰所羅門，雖然他自己的家人生死未卜，但比起親眼見到至親被遭殘酷殺害的所羅門，他的遭遇也許還算幸運。

三人白天睡覺的時候，雅各時常會被所羅門的哭泣或哀嚎所驚醒。這時，路德會靠近所羅門，以一種母親的方式緊緊地抱著他，直到所羅門再度入睡。

雅各有點嫉妒所羅門可以得到路德的擁抱，但他不知道路德是不是喜歡所羅門，因為路德還是很少說話。任何時候他們兩人對她說話，她總是不願搭理。

所羅門身上的乾糧沒有幾天就已經吃盡，起初他們還能收集一些初熟的榛果或核桃來食用。但越往東行，地表越是貧瘠，只剩下無窮無盡的草原與岩石，他們三人只好掘些草根來充飢。因為長期的營養不良，他們花在昏睡的時間越來越長，而夜裡行走的距離越來越短。

一天，路德似乎吃到了有毒的草根，出現了腹瀉、嘔吐與發燒的症狀。雅各與所羅門輪流背著她前進，希望能找到有醫師的村莊。當他們翻過一座山，月光下出現了一道巨大的城牆。

他們懷抱著希望與恐懼走近城牆，卻發現城牆有些地方已經坍塌，由坍塌處望向城內，見不到任何的燈火。又餓又渴的三人費力地爬過城牆的坍塌處，城內一片死寂，唯有遠方傳來洶湧的流水聲。

白色月光映照在城裡到處散佈的石造建築，它們幾乎都擁有亞美尼亞教堂形式的特徵：放射狀的圓錐形或八角形教堂的屋頂，讓人聯想到亞拉臘山；建築大量使用高大拱門結構，支持拱形天花板與垂直的牆壁。

「這到底是什麼鬼地方。」雅各開口問。

「我想這裡應該是阿尼（Ani）吧。」虛弱的路德，趴在雅各的身上，勉強的說出這句話。

「這座古城西面背山，東面與南面有洶湧的阿胡良河。一千年前，一位亞美尼亞國王看上此地易守難攻的地形，將首都遷到了此處，並興建了多達一千座的大小教堂。」所羅門回答了雅各。

「這座城市是怎麼變成現在這副模樣？」

「七百年前，蒙古人攻陷這座城市。亞美尼亞居民被盡數趕出城外，全給推進了洶湧的阿胡良河中。這座城市就這麼荒廢了。」所羅門氣憤地說。

「每一次倒楣的都是我們亞美尼亞人。」雅各感嘆的說。他心裡同時納悶著，是什麼讓亞美尼亞人歷經這麼多次的驅逐與屠殺後，卻仍舊堅持自己的宗教與文化。

三人走到河岸邊，找到了一座屋頂仍然完整的教堂，便趕緊躲了進去。當所羅門升起火後，三人驚訝地發現，教堂內牆上數百年前的古老壁畫依然栩栩如生。

雅各摸黑到河邊取了些水給路德，但路德的高燒絲毫沒有消退，甚至開始吐出酸水與綠色的膽汁。

她虛弱地告訴身旁的兩個男人，「我想不出有比這裡更適合回到天家的地方了。」

「別說傻話了，我們要一起走到提比里斯。」所羅門含著淚，握著她的手說。

「當我被那群惡徒凌辱後，我早就已經不想活下去了。但我的使命沒有結束，我要把一部書送到亞美尼亞主教的手中。如今，我要把未完的工作託付給你們二位。」

「妳該不會是穆夕那位老婆婆的媳婦吧！妳怎麼不早點說！」雅各驚訝地說。

「我好不容易進了埃爾祖魯城，但城裡好亂，到處都是亞美尼亞人的屍體，教堂也被縱火，我不知道該把傳道書交給誰。我趁著黑夜把傳道書埋在教堂的後院裡，但離開時還是被城裡的警察抓了起來。他們凌辱我，毆打我，最後將我丟棄在城外的林子裡。」

「妳別說那麼多話了。」所羅門說。

「我知道你們兩個人都是受過高等教育的知識分子，不像我不識字。但我觀察到你們兩個人都不相信神，我因此一直遲疑著，是否要將尋回傳道書的工作託付於你們兩人。如今看來也沒有其他選擇了，我想神必有祂的美意。」

「如果真有神，那像妳這樣的好人怎麼會死呢！我的哥哥、姐姐、爸爸、媽媽又怎麼會慘死在土耳其人的手中呢！神怎麼會允許這麼殘酷的事情發生。」所羅門哭著說。

路德沒有回答所羅門的問題，她望向教堂內牆上的壁畫，面帶微笑地說：「這些壁畫好美，讓我回想起伊基茲勒村的教堂。看到牆上的老者了嗎？那是聖格列高利，他年幼時雙親被人殺害，成年後又被囚禁於蛇洞十二年，但他卻永不放棄將福音傳給亞美尼亞人的誓言。」

雅各與所羅門從沒進過亞美尼亞教堂，他們完全不認識壁上的亞美尼亞聖徒。

「那個戴皇冠的是國王提達斯三世，他曾經殘酷地殺害了來自羅馬的聖女荷利希美，因而成為一頭喪失心智的野獸。聖格列高利為他施洗，趕出附在國王身上的魔鬼，國王後來將基督教立為亞美尼亞的國教。」

「拿著筆的是聖梅斯羅布（Saint Mesrop Mashtots），他創造了亞美尼亞文字，將希臘文的聖經翻譯為亞美尼亞語。真可惜，我沒有念過書，認不得幾個字，只能靠神父講道來了解聖經。我真的好想看懂聖經。」路德的聲音漸漸開始變小。

「你們見到門口的壁畫嗎？耶穌被釘上十字架，被帶到了骷髏地。耶穌死前對戲弄祂的兵丁說：『父呀，赦免他們；因為他們所做的，他們不曉得。』那時大約是正午，日頭卻變黑了，耶穌最後大聲喊著說：『父呀，我將我的靈魂交在你手裡。』」說到這，路德的聲音已經幾乎聽不見了。

兩人陪伴著路德直到她的體溫完全消失，他們在教堂後方掘了一個坑將路德下葬。隨即遭在阿尼附近巡邏的一小隊俄軍所逮捕。

所羅門不會說俄語也不會說英語，因此溝通全由雅各來進行。雅各以流利的俄語向帶頭的軍官說明了他們兩人亞美尼亞難民的身分，並希望能通過俄羅斯占領區前往喬治亞。

軍官對他們的遭遇表示同情，但是拒絕兩人在沒有簽證等合法文件的情況下穿越俄羅斯的土地。

俄國軍官名為尼古拉・羅伯特（Nikolai de Robert）。他見雅各的俄語極為流利，對他頗有好感，便將他另外帶開，邀請雅各留下加入俄軍中的亞美尼亞志願軍。

至於所羅門，羅伯特覺得他眼神中帶著狂亂，不願讓他留下。羅伯特提供所羅門一些金錢與糧食，指引他沿著阿胡良河往南走，等走到阿胡良河與阿拉斯河（Aras River）匯入之處，那裡便是波斯了。

從此雅各再也沒有遇見過所羅門，一直要到五年後，他才會在報紙上再度看到所羅門的消息。

為了能再度回到埃爾祖魯，雅各同意隨羅伯特加入了俄軍。相處一段時間後，雅各發現羅伯特原來是一位俄國的考古學者，也是一位虔誠的東正教徒。羅伯特知道雅各的背景後，時常與他討論東方各種語言的起源。羅伯特告訴雅各，有個法國語言學家，按著聲韻學的研究，相信土耳其語是人類所有語言的起源，甚至早於蘇美人的語言。

一九一六年一月，也就是雅各加入俄軍的幾個月後，俄軍的高加索指揮官尤登尼奇下令進軍埃爾祖魯。俄軍的攻勢凌厲，不僅輕鬆奪下埃爾祖魯，還繼續向前推進了兩百公里，直到埃爾津詹，也就是所羅門的家鄉。

亞美尼亞游擊隊緊跟在俄軍之後，對穆斯林村莊展開了血債血還的報復行動。

雅各恨惡過去那些發生在亞美尼亞人身上的暴行，但是他對於亞美尼亞游擊隊以牙還牙的行動感到十分不安。他知道，不是所有土耳其人或是庫德族人都是罪孽深重的惡人。

暴力達不到任何的目的，暴力只會引來更多的暴力，但雅各想不出和平的答案。

VIII

雅各隨著俄軍進入埃爾祖魯後，隨即脫離隊伍，前往城中的亞美尼亞聖徒教堂。當時俄軍與亞美尼亞志願軍忙著掠奪著名的雙塔清真寺與珠寶市集，沒有人在乎已經被焚毀的亞美尼亞聖徒教堂。

雅各找來一把鏟子，由傍晚一直掘到了深夜，終於在一棵無花果樹下挖掘出了一包以麻布包裹著的厚重物品。

渾身沾滿泥土的雅各抱著麻布包裹，走進被焚燒得漆黑的教堂內。他在角落找到一根蠟燭，以隨身的火柴點亮了蠟燭，接著用小刀仔細割開麻布，露出撰寫在牛皮上的秀麗燙金亞美尼亞字母。

雅各隨手翻了幾頁，他的目光停留在一幅耶穌騎驢進城的插畫。雅各確定這就是穆夕的傳道書沒錯，因為這本書只有封底而沒有封面。此外，他在阿尼的古教堂牆上，曾看到一幅相似的壁畫。

插畫上方寫著：逾越節前，有許多上來耶路撒冷過節的猶太人，聽見耶穌將到耶路撒冷，就紛紛把外套鋪在地上，揮舞著棕樹枝，出去迎接他。耶穌從耶路撒冷東門進了城，祂看見有個人手上拿著鞭，就把鞭要過來。猶太人以為祂要帶領猶太人趕走殘暴的羅馬人，可是耶穌反倒是走進聖殿，教訓起在聖殿做買賣的猶太商人，責備他們褻瀆了神的殿。猶太人因而恨惡耶穌，想要將他釘死在十字架上。

雅各納悶著，耶穌不是基督嗎？不是救世主彌賽亞嗎？他為何不願解放被迫害的猶太人？不過雅各沒有力氣繼續思索這個問題的答案。經過了一夜的挖掘，他的身體沒有一處不感到疲累。他以麻布將傳道書再仔細包好，吹熄了蠟燭，將傳道書枕在頭下，昏昏睡去。

睡夢中，雅各聽見來自教堂內持續不斷的對話，那是兩個男子以亞美尼亞語進行的對話。雅各心裡覺得納悶，難道有其他亞美尼亞人來到教堂內？

雅各睜開眼，教堂內充滿著明亮的燈光，但似乎不是同一座教堂。一位修士穿著古老型式的黑色長袍，坐在桌前的椅子上；另一位穿著華麗的紅色袍子的男子則站在椅子後方。雅各注意到，紅袍上以金絲線繡著雙鷹的標誌，那是西元四世紀古亞美尼亞王國的國徽。

「我們來試試這一段話，『要使人曉得智慧和訓誨，分辨通達的言語。』聖經箴言一章二節。」黑袍修士以亞美尼亞語大聲朗讀著。

「這經文以我們的語言朗誦是多麼悅耳哪。那麼從明天起就讓所有的教士開始學習這三十六個字母。翻譯聖經的工作若能越早完成，就越早能將福音傳遍這塊土地。」紅袍男子以嘉許的口吻說著。

「陛下的子民將來就能以自己的語言來了解聖經，不用再為艱深的拉丁文與希臘文所苦。」黑袍修士說。

「終於，我們亞美尼亞人也擁有了自己的文字，可以以自己的語言寫下自己的話語，不再需要倚靠羅馬、波斯或希臘這些民族的文字。我們將擁有屬於亞美尼亞的文學、亞美尼亞的聖經、亞美尼亞的歷史。」紅袍男子的口氣顯得興奮。

「陛下，稍等一下，我有位臨時的訪客。請容我招呼他一下。」

黑袍修士突然起身，轉過頭望著雅各，紅袍男子也跟著他的目光望向雅各。

「雅各，我剛剛聽到你的問題了。你想知道祂為何不願解放被迫害的猶太人嗎？」

雅各嚇了一大跳，他不知道黑袍修士為何認識他。

「比起帶領猶太人殺死羅馬人，耶穌選擇為眾人死，好對世人顯明神的愛。羅馬人、猶太人、全世界的民族，都因著耶穌的死，得以從強暴與烈怒帶來的苦楚中解脫。」修士以銳利的眼神望著雅各說。

雅各認出黑袍修士了，他是阿尼教堂壁畫上的聖梅斯羅布，亞美尼亞字母的發明者。

雅各驚醒了過來，全身忍不住發抖。

這時天已經亮了，陽光穿過沒有窗門的窗口照著零亂的教堂內部。雅各挖出的半部傳道書還在一旁，但他注意到牆邊一尊被推倒的石雕，雖然部分細節已經碎裂，仍舊看得出那就是聖梅斯羅布，石雕的那一雙眼就直直望著雅各。

IX

雅各原本想親自將傳道書送往瓦夏巴特，無奈憑自己一個外籍士兵的身分，很難無時無刻隨身攜著這十四公斤重的半部傳道書。他將這部傳道書託給了身為俄國軍官、又是虔誠基督徒的羅伯特。請求他協助將那半部傳道書帶到了亞拉臘山下的瓦夏巴特。

三個月後，羅伯特親自將傳道書交給了瓦夏巴特主教，也證實了另外半部傳道書，早已經由老婆婆的大媳婦平安送抵主教手中。

完成路德託付的任務後，雅各離開了俄軍。他聽說迫害亞美尼亞人的《特西爾法》在國際壓力下，已經於一九一六年三月廢止。雅各穿越了前線，西行回到了安那托利亞的迪亞巴克爾，也就是他原本服役的第三軍駐地，向當地的憲兵自首。

雅各向鄂圖曼軍官解釋，他被俄羅斯砲彈打傷了頭，失去了記憶，受農人照顧了一年後才恢復了健康，希望能夠重新回到部隊，或讓他退役回到伊斯坦堡。

鄂圖曼軍官相信雅各不是間諜，就是被砲彈打壞了腦袋，否則怎麼會有自動送上門來的亞美尼亞逃兵。雅各被以不適合繼續擔任軍職為由，被押送到敘利亞的代爾祖爾集中營。

X

相較於東方高加索戰區的一敗塗地，鄂圖曼軍隊在保衛首都伊斯坦堡的達達尼爾戰役則取得了奇蹟般的勝利。

協約國中的英、法、澳洲、紐西蘭，以優勢的海軍投入五十萬士兵，遠渡重洋來到加里波利半島，試圖以海陸聯合作戰，直接奪下伊斯坦堡，並打通地中海到黑海的航線。

協約國的攻擊由一九一五年四月底展開，鄂圖曼軍隊在年輕的將領穆斯塔法•凱末爾（Mustafa Kemal）指揮下，進行了猛烈的還擊，數次成功抵擋了協約國的登陸作戰。雙方皆死傷慘重，共有高達五十萬名士兵的遺體，就地掩埋於加里波利半島。協約國的部隊眼見勝利無望，於一九一六年一月撤離了加里波利半島。

成為戰爭英雄的凱末爾，並未因此獲得帕夏三人組的重用。國防大臣恩維爾擔心凱末爾有發動政變的意圖，不願讓他待在伊斯坦堡。一九一六年夏天，凱末爾被派往高加索戰區，抵擋俄羅斯軍隊的攻勢。有了凱末爾的領導，鄂圖曼軍隊也成功由俄軍手中，奪回了包括穆夕在內的幾座重要城市。

一九一七年二月，俄羅斯爆發革命，俄皇尼古拉斯二世退位。俄軍的高加索集團軍司令尼古拉・尤登尼奇因支持俄皇，遭到新政府革去司令的職務。

亞美尼亞民族主義者趁俄國勢力退出亞美尼亞地區，於亞拉臘山山腳下的葉里溫（Yerevan）成立了亞美尼亞民主共和國，號召分散於世界各地的亞美尼亞人回到祖國，共同為亞美尼亞的獨立奮鬥。有超過三十萬的亞美尼亞人湧入了這一個嶄新的國家，但雅各並不在其中。

俄國政局不穩導致了俄軍無心戀戰，原本這是鄂圖曼帝國收復失土的大好機會。然而，英法為首的協約國並不讓鄂圖曼帝國有任何喘息的機會。

治理聖地麥加與麥地那的胡笙親王，在英國人阿拉伯的勞倫斯（T. E. Lawrence）煽動下，於阿拉伯半島發動了武裝叛變。恩維爾將凱末爾調往敘利亞擔任第七軍的指揮官，負責鎮壓阿拉伯反叛運動，並防範駐紮在埃及的英軍，可能由埃及西奈半島發動的進攻。

凱末爾抵達大馬士革後，發現恩維爾處處以德國顧問與其他鄂圖曼將領來牽制他。裝備精良的德軍瞧不起土耳其部隊，導致德軍與土耳其軍隊間的溝通管道極度缺乏。凱末爾擔心，一旦遇上英軍攻擊，鄂圖曼的守軍勢必會被各個擊破。凱末爾請求恩維爾讓他成為對抗英軍的聯合指揮官，但恩維爾斷然拒絕凱末爾的這個請求。

處處遭到掣肘的凱末爾在大馬士革的日子頗不得意，僅有的唯一收穫是他遇見了身處集中營的雅各。

XI

《特西爾法》廢止後，集中營內的亞美尼亞人處境略有改善，新來到集中營的雅各得以協助集中營中的亞美尼亞人撰寫家書。一些被流放的亞美尼亞人對於土耳其語的掌握遠勝於亞美尼亞語，雅各便以亞美尼亞字母書寫土耳其語的方式為他們撰寫家書，雖然沒有人知道，這些家書到底哪一天才有機會寄出去。

有幾封書信被鄂圖曼官員發現，但沒有人能解讀書信上的內容。經過一番審問，書信的代筆人雅各被查出，雅各被帶往大馬士革的軍事總部接受調查。

凱末爾由手下的參謀軍官口中得知，有個年輕的亞美尼亞學者能以亞美尼亞字母書寫土耳其語。這件事讓他有了一個奇妙的靈感，禁錮在伊斯蘭之中的土耳其語言，也許能透過嶄新的文字而獲得重生。

凱末爾親自前往訊問雅各，以便了解更多的詳情。

達達尼爾戰役後，凱末爾成為無人不知無人不曉的戰爭英雄，連雅各也不例外。當他知道凱末爾將親自訊問他，也不禁感到緊張。

讓雅各吃驚的是，這位目光如鷹的帕夏對於被搜出的信件內容毫無興趣。凱末爾詳細詢問雅各，關於土耳其語、阿拉伯語、亞美尼亞語還有拉丁語系的起源；移除土耳其語中阿拉伯語與波斯詞彙的可能性；如何將西方科技的詞彙帶入土耳其語中；以及以西方羅馬字母拼寫土耳其語的發音問題。

問完了問題後，凱末爾起身準備離去。他問雅各有沒有問題要問他。

「帕夏，為何要如此對待我們亞美尼亞人呢？」雅各鼓起勇氣說。

「這件事無疑是個悲劇，卻似乎難以避免。在這危難的時刻，這片土地上的人民必須為了挽救這個國家而共同奮鬥。若無法認同這塊土地，也不想共同奮鬥的人，就必須要離開這塊土地。」

「真的死了好多人哪！但那些人從來沒有想到過要背叛這個國家。」雅各說。

「問題是，如果必須要做一個選擇，亞美尼亞人究竟是基督徒，還是鄂圖曼的子民呢？」凱末爾注視著雅各問。

「我甚至不曉得我是不是基督徒。我從來沒有好好看過一章聖經，也不相信聖經裡的故事。」雅各沉默了一陣後喃喃地說。

雅各想起死在阿尼廢墟中的路德，雅各對聖經的了解，還遠不如不識字的路德。

「那很好。我也不相信那些古老的愚蠢故事，我只相信科學與進步。擺脫傳統宗教束縛，追求理性的科學，正是現代列強的共通點，也是土耳其的唯一出路。」凱末爾說完這些話，便頭也不回地離開了偵訊的房間。

XII

偵訊後，雅各被送回了代爾祖爾集中營。幾個月後，雅各聽說凱末爾因與共同防守西奈防線的德國將軍不和，憤而辭去第七軍指揮官與所有軍職，隻身回到伊斯坦堡。

凱末爾辭職的幾天後，英軍位於埃及的指揮官艾倫比（Edmund Allenby）突破了德國與鄂圖曼帝國的西奈防線，奪下了迦薩走廊。兩個月後的聖誕節前夕，英軍又攻下聖城耶路撒冷。若非德軍加強在歐洲的攻勢，導至艾倫比的部隊必須被抽調六萬士兵前往西線戰場，雅各所在的代爾祖爾集中營可能早就被英國人所解放。

一九一八年夏季，中途參戰的美軍部隊抵達歐洲，德軍被迫撤退至興登堡防線。此時德軍已經自顧不暇，無法再為鄂圖曼帝國提供任何軍援。

同年八月，新上任的鄂圖曼蘇丹再度任命凱末爾為敘利亞第七軍指揮官，負責指揮在大馬士革與阿勒坡殘存的鄂圖曼軍隊。凱末爾心中很清楚，這一場戰爭已經到了盡頭，他的任務只是盡量搶救鄂圖曼軍隊的人員與軍火。

十月三十一日，鄂圖曼帝國簽署《穆德洛斯停戰協定》（Armistice of Mudros），正式向協約國投降。停戰協議中，鄂圖曼帝國同意所有的部隊立即解散。凱末爾當機立斷在第七軍解散前，將所有軍火發放給安那托利亞南部的民兵，成為日後土耳其獨立戰爭勝利的一大關鍵。

停戰三天後的深夜，將鄂圖曼帝國捲入戰爭的帕夏三人組，國防大臣恩維爾、海軍大臣杰馬爾與升任大維齊的塔拉特，三人一同搭上了停泊於金角灣的德國潛艇，祕密逃往德國柏林。

隔年，改組後的鄂圖曼政府宣判發動戰爭與通過《特西爾法》的帕夏三人組死刑。這個宣判因為三人早已不知去向而毫無意義。

鄂圖曼政府同時宣布亞美尼亞人可以無條件回歸故鄉。包括雅各在內，被拘禁於敘利亞的亞美尼亞人獲得釋放。然而，已經有超過一百萬的亞美尼亞人喪命於流放的過程與集中營之中。

雅各回到伊斯坦堡，發現家裡的店鋪早已經被焚毀，他的家人因為逃到保加利亞而保住了性命。雅各不願離開這片他鍾愛的土地，他申請回到羅伯學院復職，擔任英語講師，並利用所有剩餘的時間，鑽研古代東方語文的研究。

也許是來自俄國軍官尼古拉．羅伯特與凱末爾的靈感，雅各把研究的主題放在最原始的古土耳其語，也就是還沒有遭到阿拉伯語與波斯語影響前的土耳其語。

XIII

鄂圖曼帝國在一九二〇年的巴黎和會中遭戰勝國瓜分，在《色佛爾條約》中，首都伊斯坦堡交由美、英、法、義、日、俄六國所共管。雅各在街上到處可以看到趾高氣昂的協約國士兵。城市的近郊則遍布著臨時搭建的難民營，收容著來自愛琴海沿岸地區，遭希臘軍隊驅趕出的穆斯林平民。

伊斯坦堡中的民眾私下流傳著，凱末爾將軍聯合了不願接受《色佛爾條約》的將領們，於安卡拉組成了大國民議會（Grand National Assembly），展開對抗希臘、法國、亞美尼亞的土耳其獨立戰爭。好些蘇丹的官員們已經離開伊斯坦堡，加入了大國民議會。

一九二〇年底傳來消息，大國民議會所派遣的卡拉貝基爾將軍（Kazin Karabekir）已經徹底擊敗亞美尼亞軍隊，土耳其奪回了包括卡爾斯與阿尼在內的東部領土。

為了防範俄國支持亞美尼亞，凱末爾飛往莫斯科拜訪剛上臺不久的俄國蘇維埃政權，同意共黨國際可以在土耳其成立共產組織。雙方簽署《卡爾斯條約》，由土俄兩國瓜分亞美尼亞的領土。

成立不到三年的亞美尼亞民主共和國由俄國共產黨接管，更名為亞美尼亞蘇維埃社會主義共和國。

有了俄國的軍火與各地不願遭基督徒統治的民兵支援，凱末爾開始對以英國為後盾的希臘部隊展開反擊。

伊斯坦堡當時仍由協約國牢牢掌控，絲毫沒有受到戰火的影響，然而民眾依然可以透過報紙感受到戰爭的殘酷。

公開發行的報紙，指控大國民議會的軍隊大規模處決希臘戰俘，並對於土耳其境內的基督教村落進行殘酷的掃蕩。

由土耳其民族主義者透過地下印刷廠印製的報紙，則控訴希臘的軍隊對於所經之處的穆斯林村莊都大肆破壞，殺害無辜的平民，造成六百萬土耳其人流離失所。

雅各相信這兩方所說都是事實，過去他在東部戰場上已經見識過戰爭是如何加深人們內心的恐懼，進而抹去人與人之間的互信。就好像死去的路德所說過的那一句話，「他們所做的，他們不曉得。」

為了避免心情受戰事波動，雅各儘量避免與同事討論時事，多數的時間都沉浸在羅伯學院的圖書館內進行研究。直到某一天早晨，他的同事在他的辦公桌上留下一張英文報紙，上面以紅筆框著一篇報導。

報上寫著，一九二一年三月十五的清晨，在柏林夏洛特堡的一棟高級公寓外，一名年輕的亞美尼亞民族主義分子，埋伏在附近一條暗巷之中。當一名身穿西裝的中年男子走出公寓，青年隨即走向前，毫不遲疑地舉起手槍直接射擊對方的頭部。受害人當場斃命，而亞美尼亞青年卻停留在案發現場，直到德國警方的來到。隨後屍體的身分被德國警方確認，正是奧圖曼的前大維齊塔拉特。

該名亞美尼亞青年自稱出生於土耳其的埃爾津詹，是亞美尼亞大屠殺的倖存者。他在德國法庭控訴，被害人塔拉特於一九一五年擔任鄂圖曼內政大臣任內，有計畫地在土耳其進行種族滅絕。他訴說的故事讓整個歐洲驚駭不已，德國民眾對於這位年輕的亞美尼亞兇手普遍感到同情。德國法院最終判決亞美尼亞殺手無罪，理由是他的精神狀態在經歷大屠殺過後已經不正常。

報導下方有兩張相片，一張是已經被刺殺的大維齊塔拉特，另一張是殺手的照片。雅各認出，那殺手正是五年前與他一起逃亡的夥伴所羅門。

XIV

經過兩年艱辛的作戰，一九二二年，凱末爾終於成功將希臘部隊徹底逐出安那托利亞。協約國與大國民議會展開和談，重新訂定《洛桑條約》來取代《色佛爾條約》，確立了今日土耳其的疆域。各國並承認大國民議會取代了以蘇丹為首的鄂圖曼帝國，嶄新的土耳其共和國正式成立。

伊斯坦堡的協約國駐軍撤出後，城裡十五萬的基督徒無不擔心自己的安危。根據一九二三年土耳其與希臘簽署的條約，兩國以宗教背景來交換彼此土地上的人民，所有在克里特、馬其頓、希臘半島的穆斯林必須回到土耳其，而土耳其境內所有的基督徒都必須離境，其中包括亞美尼亞人。

雅各不願意離開，也不認為自己是基督徒，但他的名字卻來自於聖經中的人物。他無法掩飾自己的亞美尼亞背景，只能被迫隨著其他一百萬基督徒離開他們的故鄉土耳其。

靠著保加利亞親人的運作，雅各很快申請到索非亞大學東方語文學系的教職，在那裡繼續他研究古代土耳其語的工作。

進行完種族交換後，土耳其共和國內只有伊斯蘭一種宗教。所有伊斯蘭世界的國家都認為凱末爾會繼承末代鄂圖曼蘇丹的哈里發頭銜，成為全世界穆斯林的領袖。一九二四年，凱末爾卻出人意外地宣布廢除哈里發制度，並將所有伊斯蘭律法排除在土耳其新訂定的民法與刑法之外。

在索非亞大學任教三年後的某一天，雅各收到一封來自於安卡拉的來信，信中讚許雅各對於古代土耳其語的研究，並邀請雅各到安卡拉拜訪凱末爾。

雅各想也沒想就同意了這個邀約。雅各還記得他與凱末爾在大馬士革的對話，雅各相信凱末爾是一位真正追求進步與革新的愛國者，他已經為凱末爾準備好一套屬於土耳其民族的新字母，他更期待能早日回到他的故鄉。

凱末爾在一九二八年公布了新字母，並限期廢除阿拉伯字母。比起複雜的阿拉伯語，新的字母簡單易懂得多，短短兩年之內，土耳其境內的識字率就由原來的不到一成，躍升到七成以上。

凱末爾在安卡拉設立了土耳其語言協會，來持續清除土耳其語當中的阿拉伯語與波斯語。凱末爾打算由雅各來接掌這份工作，卻也擔心雅各的亞美尼亞背景會遭受質疑與攻擊。

凱末爾給了雅各一個新的名字：A・迪拉洽（A. Dilaçar）。

A是雅各（Agop）的縮寫，迪拉洽（Dilaçar）是土耳其語「文字開啟者」的意思。

XV

凱末爾於一九三八年逝世，但雅各作為土耳其首席語言學家的地位仍舊沒有改變。他終生都在土耳其語言協會工作，並在安卡拉大學教授歷史與語言學。他的亞美尼亞背景，完美的隱身於他的新名字之後。

早在一九一七年雅各與凱末爾的首度對話後，雅各就預知這一天的來到。甚至更早在埃爾祖魯教堂雅各夢見聖梅斯羅布之際，雅各就確立了他要走的方向。

幫助這塊土地上的人民擁有全新的文字，迎頭趕上西方的先進國家。

雅各明白，這條路與他的亞美尼亞同胞所期盼的並不一樣，這是一條會遭受許多質疑、批評、嘲諷的道路。就像兩千年前的耶穌，選擇了前往猶太聖殿去教訓人，而不是帶領猶太人趕走羅馬人。

雅各沒有再進入過任何教堂，但他的心裡留了一個角落給了路德，那位死在阿尼教堂中的女人，雅各一生都沒有忘記她那夜講的故事，那些關於亞美尼亞使徒，還有神的兒子耶穌的故事。

一九七九年九月十二日，年邁的雅各病逝於安卡拉。透過土耳其電視臺的新聞，大多數的土耳其人得知了偉大的語言學教授迪拉洽已經蒙真主寵召，但幾乎已經沒有人知道這位土耳其新字母之父，其實是一位不折不扣的亞美尼亞人。

當雅各的學生整理他的辦公室，一個年輕的男同學不慎將一本新式字母字典由書架摔落地面，他發現了一張泛黃的剪報與打開的字典一同躺在地板上。

男孩拿起這篇簡短的剪報，上面的報導中提到：

一九五九年三月四日，亞美尼亞蘇維埃社會主義共和國成立了瑪坦納達蘭博物館（**Matenadaran**），用以保存古老的亞美尼亞手稿。當中最珍貴的收藏是一二〇二年完成的《穆夕傳道書》（*Homilies of Mush*），這部傳道書共有一千兩百頁，重達二十八公斤。每一張都是由一頭一歲大的小牛的牛皮所製成，當年足足用了六百頭的小牛。

看到這裡，年輕的土耳其男學生把這篇剪報揉成一團，丟入了一旁的垃圾桶中。口裡還念著：「我最討厭亞美尼亞人了，他們全是一群忘恩負義的傢伙。」

住宿便利貼：

Gungoren Otelcilik

阿尼沒有可以住宿的地方，建議住宿在附近的卡爾斯。該旅館的房間寬敞，但卻沒有足夠燈光，整體感覺相當陰沉，頗有俄羅斯的味道。雙人房一晚七十土耳其里拉，含衛浴、早餐、Wifi。

Tel: +90 474-212-5630

交通便利貼：

由卡爾斯到阿尼約車程四十五分，但幾乎沒有公共交通工具，搭乘卡爾斯旅社安排的小車，每人約美金二十元，在阿尼約停留三小時。

由土耳其東部的埃爾祖魯（Erzurum）搭車到卡爾斯約三小時車程。

新萬有文庫

橫跨三千年的祕境啟示

作者◆呂逸偉
發行人◆施嘉明
總經理◆王春申
副總編輯◆沈昭明
主編◆葉幗英
責任編輯◆徐平
校對◆鄭秋燕
封面設計◆吳郁婷

出版發行：臺灣商務印書館股份有限公司
10046 台北市中正區重慶南路一段三十七號
電話：(02)2371-3712　傳真：(02)2371-0274
讀者服務專線：0800056196
郵撥：0000165-1
E-mail：ecptw@cptw.com.tw
網路書店網址：www.cptw.com.tw
網路書店臉書：facebook.com.tw/ecptwdoing
臉書：facebook.com.tw/ecptw
部落格：blog.yam.com/ecptw

局版北市業字第993號
初版一刷：2014 年 6 月
定價：新台幣 300 元

ISBN 978-957-05-2935-7

橫跨三千年的祕境啟示 ／ 呂逸偉 著. -- 初版. --
臺北市：臺灣商務, 2014.06
面 ； 公分. --（新萬有文庫）

ISBN 978-957-05-2935-7（平裝）

1. 宗教文化 2. 世界地理

214 103007160

廣 告 回 信	
台 北 郵 局 登 記 證	
台北廣字第04492號	
平 信	

10660

台北市大安區新生南路3段19巷3號1樓

臺灣商務印書館股份有限公司 收

請對摺寄回，謝謝！

傳統現代 並翼而翔

Flying with the wings of tradtion and modernity.

讀者回函卡

感謝您對本館的支持，為加強對您的服務，請填妥此卡，免付郵資寄回，可隨時收到本館最新出版訊息，及享受各種優惠。

姓名：________________ 性別：□男 □女

出生日期：________年________月________日

職業：□學生 □公務(含軍警) □家管 □服務 □金融 □製造 □資訊 □大眾傳播 □自由業 □農漁牧 □退休 □其他

學歷：□高中以下（含高中）□大專 □研究所（含以上）

地址：________________________________

____

電話：(H) ________________ (O) ________________

E-mail：________________________________

購買書名：________________________________

您從何處得知本書？

□網路 □DM廣告 □報紙廣告 □報紙專欄 □傳單

□書店 □親友介紹 □電視廣播 □雜誌廣告 □其他

您喜歡閱讀哪一類別的書籍？

□哲學・宗教 □藝術・心靈 □人文・科普 □商業・投資

□社會・文化 □親子・學習 □生活・休閒 □醫學・養生

□文學・小說 □歷史・傳記

您對本書的意見？（A/滿意 B/尚可 C/須改進）

內容________編輯________校對________翻譯________

封面設計________價格________其他________________

您的建議：________________________________

※ 歡迎您隨時至本館網路書店發表書評及留下任何意見

臺灣商務印書館 The Commercial Press, Ltd.

台北市106大安區新生南路三段19巷3號1樓 電話：(02)23683616

讀者服務專線：0800-056196 傳真：(02)23683626

郵撥：0000165-1號 E-mail：ecptw@cptw.com.tw

網路書店網址：www.cptw.com.tw 網路書店臉書：facebook.com.tw/ecptwdoing

臉書：facebook.com.tw/ecptw 部落格：blog.yam.com/ecptw